微信视频号

内容定位、制作、运营与直播卖货

WECHAT CHANNELS

全权◎编著

化学工业出版社

·北京·

内 容 简 介

如何从零开始运营好视频号？如何快速涨粉提升阅读量？如何加速变现实现盈利？

本书从 4 个方面进行解说，分别是内容的定位、内容的制作、内容的运营与直播卖货。

内容的定位决定成败，内容的制作决定爆款，内容的运营影响生存，直播卖货是变现主流，书中将紧扣这些核心痛点，进行深入讲解，包括视频的拍摄、后期、文案、引流、搜索、优化等，从而帮助广大运营者快速玩转微信视频号！

本书具有很强的实用性和可操作性，不仅适合想来视频号平台分一杯羹的新手运营者，帮助他们掌握视频号运营的知识点，快速入门；还适合已经拥有一定运营经验的老手运营者，帮助他们提高微信视频号发布内容的质量，实现快速引流和吸粉，为视频号的长期稳定发展创造更好的条件。

图书在版编目（CIP）数据

微信视频号：内容定位、制作、运营与直播卖货 / 全权编著. —北京：化学工业出版社，2022.2

ISBN 978-7-122-40352-0

Ⅰ.①微… Ⅱ.①全… Ⅲ.①网络营销 Ⅳ.①F713.365.2

中国版本图书馆CIP数据核字(2021)第239887号

责任编辑：李 辰 孙 炜　　　　　　　装帧设计：盟诺文化
责任校对：王鹏飞　　　　　　　　　　封面设计：王晓宇

出版发行：化学工业出版社（北京市东城区青年湖南街 13 号　邮政编码 100011）
印　　装：大厂聚鑫印刷有限责任公司
710mm×1000mm 1/16　印张 15¼　字数 309 千字　2022 年 3 月北京第 1 版第 1 次印刷

购书咨询：010-64518888　　　　　　　售后服务：010-64518899
网　　址：http://www.cip.com.cn
凡购买本书，如有缺损质量问题，本社销售中心负责调换。

定　价：59.00 元

大家好，我是本书的作者，我叫全权，也可以叫我的笔名"全网红"。

在写这本书之前，我已经出过两本短视频相关的书籍，原本以为不会再出新书，但因为微信视频号的出现，这么快就被"打脸"了。

本来短视频平台如今的格局已经是二分天下，抖音和快手占据了 80% 的市场，剩余 20% 的市场被其他短视频平台瓜分。微信推出视频号后，在短短不到一年的时间，日活就超过了两亿，硬生生地在短视频领域撕开了一道口子。

正是因为看到了视频号的红利，我才成为视频号的第一批玩家。到现在我还记得，当初我在自己的视频号"创业者全权"上发布的第一个作品——一条记录北漂生活的视频。

视频刚发出去没多久就有了反馈，基本上都是我的微信好友去点赞和评论，尤其是特别亲密的朋友们，看了我的视频之后都被其中的内容所感动。他们的正向反馈给我带来了极大的成就感。毕竟他们是我最亲密的人，他们的认同对我来说非常重要。

这也从侧面说明，视频号更像是一个"熟人社交放大器"，它能让身边的人更了解你，这一切都是基于微信社交关系链，让我们更频繁地被身边的人注意到。抖音和快手这两个短视频平台的推荐算法则更注重优质内容的分发，这也决定了普通人很难获得其他人的关注。

如果不是因为仔细研究过微信视频号，我就不知道腾讯真正的用意，那么也就不会有这本书的面世。

经常刷短视频的人应该知道：他们身边有很多朋友已经卸载了抖音或者快手，原因是太浪费时间了。但是他们会卸载自己的微信吗？答案是肯定不会，因为微信已经嵌入我们的生活，可以说离开微信我们将寸步难行。

视频号的腾空出世，加快了大家逃离抖音和快手的速度，因为视频号的内容现在基本上能够满足大众所需。

听到这，可能有人会好奇：既然视频号都已经有内容了，那和我们这些普通人又能有什么关系呢？

当然有关系，因为视频号做的是自己的私域流量，就是说你以前在其他平台所发布视频的播放量——不管多与少——都与你没有任何关系。但是视频号就不一样了，视频发出后第一波流量推荐的是你身边的朋友，你所展示的内容，会在无形中增加你的影响力。

影响力是什么？影响力就是人脉和财脉，只要把视频号这个工具运用得当，毫不夸张地说，你甚至可以改变自己的命运。

作为普通人，如果想抓住短视频的最后一波红利，一定要赶紧上微信视频号"这趟车"，快速熟悉视频号的玩法。无论是想通过视频号赚钱，还是想通过视频号获得更多人的关注，都可以在视频号上得到实现。

可能有人会说：我也想做视频号，可是自己什么都不会，怎么办？没关系，没有谁是天生就会的。我在刚玩短视频的时候，最开始也是什么都不会，就靠自己一个人边学习边摸索。

现在不光我自己在玩，我和我的团队还带领1000多名学员在玩，在视频号上发力，借助视频号用自己的业余时间做副业，平均下来，目前每个人至少多赚了一万元。说出来你可能不信，在我的指导下有几十个学员还在视频号上找到了自己心仪的对象。

这就是互联网的神奇之处，它能够让普通人在短时间内通过视频号被更多人看到。除了被人关注还能赚到钱，天底下还有什么比做视频号来得更直接和实在呢？

为了能够帮助更多普通人借助视频号扩大自己的影响力并且赚到钱，我特意写了这本书。这本书囊括了视频号运营的绝大部分技巧和问题，可以说目前市面上再没有这么全的视频号书籍了。

我写这本书的初衷是：只需要买这本书回家，就能解决视频号运营时遇到的所有问题。敢这么说是因为我本人也是一名创业者，我自己在短视频领域赚到了钱，也希望能帮助大家达成自己的目的。

无论你是想通过视频号拓展人脉，还是想赚钱改善生活，或者说你想挑战自己让更多人看到你，你都可以在本书中找到改变现状的方法。如果当初你错过了淘宝、微商、快手和抖音，这次请千万不要再错过视频号。哪怕你这次的尝试没有实现轻松月入过万元的目标，但起码你曾经努力过。

你要相信，跟着趋势走的人运气一定不会太差，也希望你能够在新的一年突破自己，实现小目标！

全　权

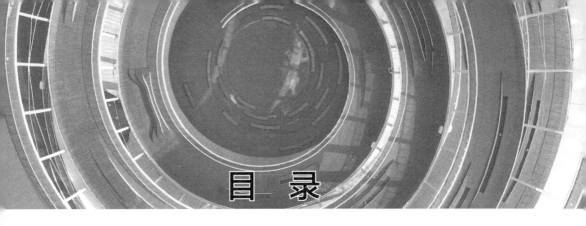

目　录

第 3 章 视频制作：快速获得高质量素材

第 4 章 视频处理：提高视频的吸睛能力

第5章　文案打造：增加视频内容的亮点

第6章　搜索优化：提升账号和内容排名

第7章 引流推广：轻松汇聚百万级流量

第8章 视频变现：实现年赚百万的梦想

第 9 章 直播预热：为带货变现做好准备

第 10 章 直播话术：增强用户的购买欲望

第11章 直播控场：保证带货的有序进行

第12章 直播带货：掌握各种实用销售法

第1章
账号打造：找准自身的运营方向

在做一件事情之前一定要找准方向，只有这样才能有的放矢，做微信视频号运营也是如此。那么，如何找准微信视频号的运营方向呢？其中一种比较有效的方法就是通过账号的定位，从一开始就确定运营的方向。

1.1 找准账号定位

本节主要从 6 个方面来解读微信视频号的账号定位方法，帮助运营者精准把握账号的运营方向，取得更好的运营效果。

1.1.1 为何要做定位

为什么要做好微信视频号定位？笔者认为主要有 3 个理由。一是通过定位可以找准运营方向，确定自身的目标；二是做好定位之后，可以为今后视频号的内容策划提供方向；三是做定位的过程也是自我审视的过程，定位做好之后，账号运营者自身的优势也就凸显出来了。

1. 找准方向，确定目标

做账号定位是找准微信视频号运营方向，确定运营目标的一种有效方式。一旦账号定位确定了，运营方向和目标也将随之确定下来。纵观微信视频号平台上的各类账号，基本都是在确定账号定位的基础上，找准运营方向的。

例如，从事某职业的比较专业的运营者，可能会将账号定位为该职业专业知识的分享类账号。建筑师可以为用户科普别墅的设计，厨师则可以分享美食的做法，如图 1-1 所示。

图 1-1 职业专业制定分享类账号定位

例如，某方面知识比较丰富的人群，可以将账号定位为该方面技巧分享类账号。

Photoshop 处理经验比较丰富的微信视频号运营者，会将账号定位为 Photoshop 技巧分享类账号，并为用户持续分享 Photoshop 处理方面的技巧，如图 1-2 所示。

图 1-2　某方面技巧分享类账号定位

有的微信视频号运营者有某方面的兴趣爱好，并且有同样兴趣爱好的用户比较多，便可以将账号定位为兴趣爱好内容展示类账号。像一些游戏类微信视频号运营者，可以将账号定位为某个游戏的内容展示类账号，在账号中向用户展示自己玩该游戏的视频，如图 1-3 所示。

图 1-3　兴趣爱好内容展示类账号示例

养了宠物的微信视频号运营者，可以将账号定位为萌宠展示类账号，为用户展示萌宠的日常片段，如图1-4所示。

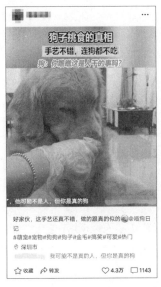

图1-4　萌宠展示类账号定位

许多用户都喜欢看幽默搞笑类的内容，而部分运营者又比较具有幽默感。因此，这部分运营者便可将账号定位为幽默搞笑类内容分享账号，并通过高质量内容的分享，博得用户一笑，如图1-5所示。

图1-5　幽默搞笑类内容分享账号

微信视频号中通过账号定位找准自身运营方向的案例还有很多。如果微信视频号运营者觉得自身的定位不好确定，可以多刷刷其他视频号的内容，学习他人的经验，并在此基础上找到适合自身的账号定位。

2. 策划内容，提供方向

微信视频号的账号定位本身就是确定微信视频号的运营方向，而账号定位确定之后，运营者便可以围绕账号定位进行内容的策划，从而树立起账号的标签。只要运营者的账号定位确定了，那么微信视频号的内容策划方向自然也就确定了。

例如，微信视频号"萌宠俱乐部O"在账号简介中明确表示这是一个"一起爱护小动物"的微信视频号，如图 1-6 所示。

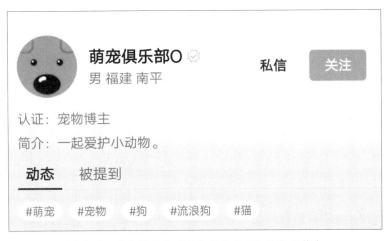

图 1-6　微信视频号"萌宠俱乐部O"的账号简介

从这个简介中便可以看出该账号的定位就是呼吁大家都来爱护小动物。"萌宠俱乐部O"将微信视频号的账号定位确定下来之后，发布的视频也都围绕着这一个定位——一起爱护小动物。这种具有人文关怀的视频定位和温暖人心的视频内容，很容易引起用户的共鸣，从而吸引不少对此内容感兴趣的用户的关注、点赞、评论和转发。

图 1-7 所示为"萌宠俱乐部O"发布的部分视频内容，都是一些世界各地的关于爱护小动物的各类事例。

由此不难看出，当微信视频号的账号定位确定下来，该视频号的内容运营策划就有了方向，运营者在此基础上进行内容的策划也将变得相对简单了。另外，账号定位确定之后，只要微信视频号运营者长期输出原创内容，便能做出自己的特色，为账号贴上精准的标签。

图 1-7　微信视频号"萌宠俱乐部 O"的相关视频

3. 自我审视，凸显优势

做微信视频号账号定位的过程，就是运营者自我审视的过程。在自我审视的过程中，微信视频号运营者可以相对轻松地看到自身的优势。如果运营者可以利用自身的优势进行账号定位，那么在账号运营的过程中自身的优势便能得到很好的凸显，对于视频号的运营也会更加得心应手。

运营者在自我审视之后，可能会发现自己有多种专长、资源或技能等优势。如果将这些优势都体现在一个微信视频号中，那么该微信视频号所包含的内容可能会过于庞杂，这就导致了视频号账号的定位很难精准。

在这种情况下，微信视频号运营者需要做的就是选择自身相对突出的一个优势，来进行账号定位。

例如，微信视频号"萨克斯嘿妞"的运营者本身就包含了独立音乐人、乐器达人和原创歌手 3 重身份。虽然这 3 重身份之间有所交集，但是它们包含的内容太多了。因此，该微信视频号运营者从"乐器达人"这个身份中选择自己擅长的萨克斯进行账号定位，并在账号名称中加上了"萨克斯"这 3 个字。图 1-8 所示为该微信视频号的简介。

相比其他乐器，学习萨克斯的人本来就不算太多，其中吹奏得好的女性就更少了。而"萨克斯嘿妞"的运营者又比较擅长萨克斯的吹奏，所以，随着大量吹奏萨克斯视频的发布，该账号获得了越来越多微信视频号用户的关注。图 1-9 所示为微信视频号"萨克斯嘿妞"的相关视频。

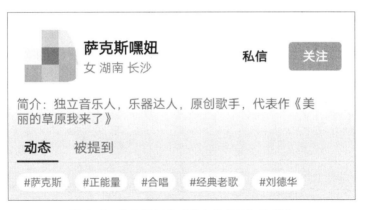

图 1-8　微信视频号"萨克斯嘿妞"的简介

图 1-9　微信视频号"萨克斯嘿妞"的相关视频

1.1.2　行业定位

行业定位就是确定账号分享内容的行业和领域。通常来说，微信视频号运营者在做行业定位时，只需选择自己擅长的领域即可。例如，从事摄影的人员，便可以在微信视频号中分享摄影类的内容。

图 1-10 所示为微信视频号"构图君 2021"的内容呈现界面。可以看到，该微信视频号就是致力于为用户分享精美的摄影作品和构图知识，并以此来吸引喜欢摄影的用户的关注。

图 1-10 微信视频号"构图君 2021"的内容呈现界面

当某个行业包含的内容比较广泛，且微信视频号上做该行业内容的账号已经较多时，运营者便可以通过对行业进行细分，侧重从某一细分领域打造账号内容。

例如，摄影本身就属于一个大类，现在又有越来越多的人开始用手机拍摄。因此，微信视频号"手机摄影构图"针对这一点专门深挖手机摄影构图技巧，传授手机摄影经验，如图 1-11 所示。

图 1-11 微信视频号"手机摄影构图"的主页和内容呈现界面

1.1.3　内容定位

微信视频号的内容定位就是确定账号的内容方向，并据此进行内容的生产。通常来说，微信视频号运营者在做内容定位时，只需结合账号定位确定需要发布的内容，并在此基础上打造内容即可。

例如，微信视频号"铭哥说美食"的账号定位是做一个各类餐厅招牌美食做法的展示类账号，所以，该账号发布的内容以美食的制作为主。图 1-12 所示为该微信视频号的主页和内容呈现界面。

图 1-12　微信视频号"铭哥说美食"的主页和内容呈现界面

确定了账号的内容方向之后，便可以根据该方向进行微信视频号的内容生产了。当然，在视频号运营的过程中，内容生产也是有技巧的。具体来说，微信视频号运营者在生产内容时，可以运用技巧，打造持续性的优质内容，如图 1-13 所示。

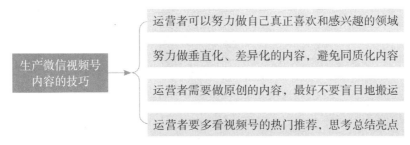

图 1-13　生产微信视频号内容的技巧

1.1.4 用户定位

在微信视频号的运营中，确定明确的目标用户是其中至关重要的一环。而在进行平台的用户定位之前，首先应该做的就是了解平台具体针对的是哪些人群、他们具有什么特性等问题。

了解视频号的目标用户，是为了方便视频号的运营者更有针对性地去发布内容，然后吸引更多目标用户的关注，获得更多的点赞。关于用户的特性，一般可细分为两类，如图 1-14 所示。

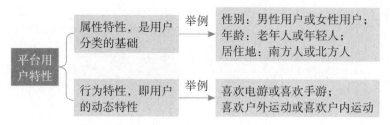

图 1-14 平台用户特性分类分析

在了解用户特性的基础上，接下来要做的是怎样进行用户定位。用户定位一般包括 3 个步骤，具体如下。

1. 数据收集

数据收集有很多方法可以采用，较常见的方法是通过市场调研来收集和整理平台用户的数据，然后把这些数据与用户属性关联起来，如年龄段、收入和地域等，绘制成相关图谱，这样就能大致了解用户的基本属性特征。图 1-15 所示为某产品的用户年龄段分析。

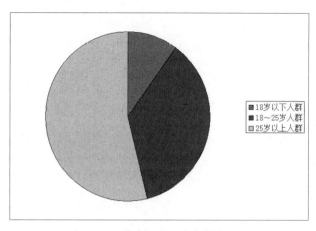

图 1-15 某产品的用户年龄段分析

2. 用户标签

获取了用户的基本数据和基本属性特征后，就可以对其属性和行为进行简单分类，并进一步对用户进行标注，确定用户的预估购买力和预估活跃度等，以便在接下来的用户画像过程中对号入座。

3. 用户画像

利用上述内容中的用户属性标注，从中抽取典型特征，完成用户的虚拟画像，构成平台用户的各类用户角色，以便进行用户细分，从而在此基础上更好地做出具有针对性的运营策略和精准营销。

1.1.5 产品定位

产品销售是微信视频号运营变现的一种最重要方式，因此，选择合适的变现产品，进行产品的定位就显得尤为重要。

那么，如何进行产品定位呢？在笔者看来，根据微信视频号运营者自身的货源情况，产品定位可以分为两种：一种是根据自身拥有的产品货源进行定位；另一种是没有货源，根据自身业务范围进行定位。

根据自身拥有的产品进行定位很好理解，就是营销自己拥有的产品。例如，"绿叶水果"是一家水果农贸公司的微信视频号，拥有大量水果货源，于是其账号所发布的内容是以销售水果为主，视频的主要内容也是对于水果的展示，如图 1-16 所示。

图 1-16 "绿叶水果"视频号呈现的内容

根据自身业务范围进行定位，就是在自身的业务范围内发布视频内容，然后引导用户去对应的平台购买产品，说白了就是替人打广告。这种定位方式比较适合自身没有产品的微信视频号运营者，这部分运营者只需引导用户购买对应的产品，便可以获得佣金收入。

1.1.6 人设定位

人设，是人物设定的简称。所谓人物设定，就是微信视频号运营者通过视频打造的人物形象和个性特征。通常来说，成功的人设能在用户心中留下深刻的印象，让用户能够通过某个或者几个标签，快速想到该微信视频号。

人物设定的关键就在于为视频中的人物贴上标签。那么，如何才能快速为视频中的人物贴上标签呢？

例如，说到"反串""一人分饰两角"，许多人可能首先想到的就是"多余和毛毛姐"这个微信视频号。这个微信视频号发布的视频中都会出现一个红色披肩长发的女性形象，这位女性就是由运营者反串扮演的。

除此之外，在"多余和毛毛姐"发布的微信视频号短视频中，有时还会出现一个男性形象，而这位男性与红色披肩长发的女性又是同一位扮演者。也就是说，这位男性直接一人分饰了两角。

再加上"多余和毛毛姐"发布的短视频内容大都比较贴合生活，而且其中人物的表达叙述又比较幽默搞笑，因此该账号发布的内容，能很快吸引到不少用户的点赞和关注。

由此可见，为视频人物贴上标签的最有效方式就是发布相关短视频，用短视频快速树立人物形象，吸引对之感兴趣的粉丝关注。

1.2 做好账号设置

对于微信视频号运营者来说，只有拥有了自己的微信视频号，才算是真正有了运营微信视频号的资格。另外，随着越来越多的人入驻，一个微信视频号要想脱颖而出就必须通过账号的设置，打造出自己的特色名片。那么，如何开通账号并打造账号的特色名片呢？本节将重点进行解答。

1.2.1 快速创建账号

获得微信视频号是进行微信视频号运营的基础，下面介绍微信视频号的注册流程。

（1）在手机上打开微信，点击"发现"按钮，如图 1-17 所示。

（2）进入"发现"界面，选择"视频号"选项，如图 1-18 所示。

（3）进入视频号页面后，❶ 点击右上角的 按钮，进入个人主页；❷ 点击页面左下角的"发表视频"按钮，如图 1-19 所示。

图 1-17　点击"发现"　　　图 1-18　选择"视频号"
　　　　　按钮　　　　　　　　　　　　选项

图 1-19　进入个人主页，点击"发表视频"按钮

（4）如果是首次注册微信视频号，那么在点击"发表视频"按钮后用户会进入"创建视频号"页面，❶ 用户可在此页面设置名字、性别、地区信息，还

可以选择是否"在个人名片上展示视频号"；此时用户的视频号头像默认为微信头像；❷ 可点击"替换头像"按钮从个人相册中自行选择；❸ 设置完成后选中"我已阅读并同意《微信视频号运营规范》和《隐私声明》"复选框，如图 1-20 所示。

图 1-20　"创建视频号"页面

（5）以上都设置完成后，点击"创建"按钮即可成功注册视频号，再次进入个人主页时，在"我的视频号"中即可看到账号信息和视频发表入口，通过点击"发表视频"按钮，运营者即可发表自己的微信短视频。

1.2.2　账号头像设置

头像是微信视频号的门面，许多用户看一个账号时，首先注意的通常是账号的头像。因此，微信视频号的头像应该美观大方。

通常来说，微信视频号运营者可以根据需要达到的目的来设置账号头像。如果微信视频号运营者的运营重点是打造自身形象，那么就可以将个人照片设置为账号头像；如果微信视频号运营者是以销售产品为主，那么将产品图片设置为账号头像不失为一种好的选择。

如何在微信视频号平台中进行头像的设置呢？下面介绍两种简单的方法。第一种方法是在创建视频号页面设置头像，这在前面已有介绍，此处不再赘述。

接下来详细介绍第二种方法。

（1）进入微信视频号页面，点击界面右上方的  按钮，进入个人主页面，选择"我的视频号"下第一栏，如图 1-21 所示。

（2）进入个人视频号运营主页之后，点击 ⋯ 按钮，如图 1-22 所示。

图 1-21　选择"我的视频号"下第一栏

图 1-22　点击相应的按钮

（3）进入"设置"界面，点击第一栏，如图 1-23 所示。

（4）进入"资料"界面，再次选择"头像"选项，如图 1-24 所示。

图 1-23　点击"设置"界面第一栏

图 1-24　选择"头像"选项

（5）选中个人相册中的合适图片，点击"确定"按钮，如图1-25所示，微信视频号头像更改设置完成。

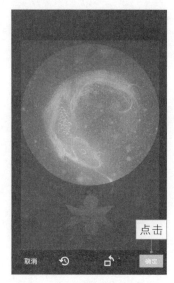

图1-25 点击"确定"按钮

★ 专家提醒 ★

在设置微信视频号头像时有如下3个基本技巧：

（1）头像一定要清晰。

（2）个人账号一般使用运营者的肖像作为头像。

（3）团体账号可以使用代表人物的形象作为头像，或者使用公司名称、Logo等标志。

1.2.3　账号名称设置

微信视频号的账号名称要有特点，而且最好和账号定位相关。那么，如何设置账号名字呢？具体操作如下。

（1）进入"资料"界面（在上文中已有介绍），选择"名字"一栏，如图1-26所示。

（2）❶输入需要设置的账号名字；❷点击"完成"按钮，如图1-27所示。

图 1-26　选择"名字"一栏　　　　　图 1-27　点击"完成"按钮

★ 专家提醒 ★

注意：每个微信视频号账号每年只有两次修改名字的机会，所以，一定要认真修改账号名称。在设置微信视频号账号名称时有两个基本的技巧，具体如下：

（1）名字不能太长，太长的话用户不容易记忆。

（2）最好能体现账号定位，让人一看到名字就知道你的账号运营方向。

1.2.4　账号简介设置

账号简介是对账号相关情况的介绍，体现自身特色的微信视频号简介更容易吸引用户关注。那么如何进行账号简介的设置呢？具体操作步骤如下：

（1）进入"资料"界面，选择"填写简介让更多人了解你"选项，如图 1-28 所示。

（2）❶ 输入简介内容；❷ 点击下方的"完成"按钮，如图 1-29 所示。

图 1-28　选择相应选项　　　　　图 1-29　点击"完成"按钮

17

1.2.5 其他资料设置

除了头像、名字和简介之外，在"资料"界面中，微信视频号运营者还可以对性别、地区等资料进行修改。通常，系统会根据当前定位，自动选择账号的所在地区。因此，运营者一般不用对账号的所在地区再另行设置。当然，如果微信视频号运营者想将地区设置为其他地方就另当别论了。

接下来介绍账号运营者性别设置的基本方法。微信视频号运营者只需进行如下操作，便可在"创建视频号"中完成性别的设置。

（1）进入"创建视频号"界面，选择"性别"选项，进入"设置性别"界面，在该界面中❶勾选对应的性别，或者选择"不显示"；❷点击右上方的"完成"按钮，如图1-30所示。

（2）操作完成，返回"资料"界面，如果"性别"一栏显示的是刚刚勾选的性别，就说明性别设置成功了。

上述信息设置完成后，视频号运营者就已经成功地创建了属于自己的视频号账号，可以在微信视频号平台大展拳脚了。此外，微信视频号创建成功后，在视频号页面点击 按钮，跳转进入的页面会显示"我的视频号"提示，如图1-31所示为微信视频号创建成功后的个人界面。

图1-30　点击"完成"按钮　　　　图1-31　微信视频号创建成功的个人界面

第2章
内容选择：让视频营销赢在起点

视频号运营者都希望自己发布的短视频能上热门，却不知道选择发布什么样的内容。不管是何种视频号类型，优质的内容都是涨粉的关键。所以，选择什么样的内容就显得尤为重要，运营者千万不要在内容选择上偷懒。

2.1 掌握内容生产方法

视频号运营者要想打造爆款视频，除了上述介绍的账号定位方法和设置技巧外，还应掌握内容生产方法。内容生产方法具体有哪些呢？本节笔者收集整理了5种内容生产方法，希望能帮助大家快速产出优质又热门的内容。

2.1.1 原创视频法

有短视频制作能力的视频号运营者，制作并发布原创视频是最好的选择。很多视频号的运营者在刚开始做原创类短视频时，都会陷入不知道该拍什么的尴尬境地。其实内容的选择并没那么难，大家可以从以下几方面入手：

- 记录生活中的趣事。
- 学习热门的舞蹈、手势舞等。
- 配表情系列，利用丰富的表情和肢体语言。
- 旅行记录，将看到的美景通过视频展现出来。
- 根据自己的特长，持续产出某方面的内容。

例如，视频号"阿趣剪辑"的运营者就是通过持续产出高质量的动漫剪辑短视频来吸引粉丝关注的。在动漫视频的剪辑中，运营者在尊重动漫原剧情的前提下，加上自己原创的剪辑与见解，使短视频既真诚感人又不落俗套，获得粉丝大量的点赞和好评。图2-1所示为"阿趣剪辑"的微信视频号主页和发布的原创剪辑作品。

图2-1 "阿趣剪辑"的微信视频号主页和发布的原创剪辑作品

此外，运营者也可以换位思考：如果我是视频号用户，会希望在刷短视频的时候看到什么内容？搞笑的内容肯定是大家都爱看的，如果一个人拍的短视频内容特别有意思，用户有很大概率会点赞和转发，还有情感的、励志的、"鸡汤"的、感人的内容等，如果短视频的内容能够引起用户的共鸣，用户也是愿意关注的。

原创内容需要有比较大的脑洞，不要盲目跟风，要能把平常的东西拍出不一样的创意。也就是说，不管是什么样的原创内容，都最少需要有一个亮点，能让观看短视频的用户眼前一亮。一般来说，视频号运营者如果能持续产出优质的原创视频，是非常有利于视频号的运营的。

上面的这些内容属于被广泛关注的，还有细分的。例如，某个用户正好需要买车，那么关于鉴别车辆好坏的视频就是他关注的内容；再如，某人比较胖，想减肥，那么他会特别关注减肥类的视频。

这就是短视频用户关注的内容，同样也是创作者应该把握的原创方向。视频号运营者选择什么领域，就做这个领域人群关注的内容。

2.1.2　热梗演绎法

视频号的内容灵感来源，除了靠自身的创意想法外，运营者也可以多收集一些热梗，这些热梗通常自带流量和话题属性，能够吸引大量观众点赞。运营者可以将短视频的点赞量、评论量、转发量作为筛选依据，找到并收藏微信视频号平台上的热门内容，然后进行模仿、跟拍和创新，打造自己的优质短视频作品。

例如，"用盆喝奶茶"这个热梗就被大量运营者翻拍，这种来源于日常生活的片段被大家演绎得十分夸张，甚至还出现了"用盆嗦粉""用缸喝奶茶"等搞笑片段，如图2-2所示。

运营者也可以在日常生活中寻找这种创意搞笑短视频的热梗，然后采用夸大化的创新方式将这些日常细节演绎出来。另外，在策划热梗内容时，运营者

图 2-2　用户翻拍"用盆喝奶茶"的热梗

21

还需要关注以下几个关键元素：

（1）短视频的拍摄门槛低，运营者的发挥空间大。

（2）时间剧情内容有创意，牢牢紧扣观众生活。

（3）在短视频中嵌入产品，作为道具展现出来。

2.1.3　嵌套模板法

嵌套模板法就是通过借助已有的模板打造视频内容，已有的模板一般为大家所熟悉的或者经典的模板。这种内容打造方法的优势在于运营者只需将自身的视频内容嵌入模板中就能快速打造出一条新的视频，而且运营者新增的内容与模板中原有的内容并不冲突。

这种类型的短视频往往是使用了一部电影中的热门桥段，加上创作者自身的演绎之后，使得视频更加妙趣横生。这样不仅能吸引运营者自身的粉丝，还能吸引原电影的粉丝，更加受人关注。

2.1.4　模仿爆款法

模仿爆款法就是根据各种短视频平台上已发布的视频依葫芦画瓢，打造出属于自己的视频，可以模仿视频中的人物，也可以模仿视频的内容风格，这种方法常用于拍摄制作已经形成热点的视频。

如果运营者实在是没有任何创作方向，可以直接模仿爆款短视频的内容去拍摄。爆款短视频通常都是大众关注的热点事件，这样等于让运营者的作品在无形之中产生了流量。例如，某个运营者就模仿了有"涂口红的世界纪录保持者"之称的某直播带货达人的演说风格，在短视频中使用比较夸张的肢体语言和搞笑的台词，吸引大量粉丝关注。这些爆款短视频和短视频达人的作品都是经过大量用户检验过的，都是观众比较喜欢的内容形式，跟拍模仿能够快速获得这部分人群的关注。

运营者可以在微信视频号平台上多看一些同领域的爆款短视频，研究他们的拍摄内容，然后进行跟拍。另外，运营者在模仿爆款短视频时，还可以加入自己的创意，对剧情、台词、场景和道具等进行创新，带来新的爆点。很多时候，模仿拍摄的短视频，甚至比原视频更加火爆，这种情况屡见不鲜。

如果运营者在策划短视频内容时，很难找到创意，也可以去翻拍和改编一些经典的影视作品。运营者在寻找翻拍素材时，可以去豆瓣电影平台上寻找各类影片排行榜（如图2-3所示），将排名靠前的影片都列出来，然后去其中搜寻经典的片段，包括某个画面、道具、台词、人物造型等内容，都可以将其用到自己的短视频中。

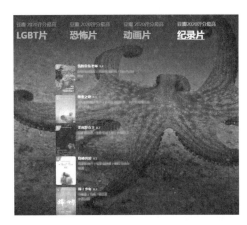

图2-3　2020豆瓣年度电影榜单

2.1.5　扩展延伸法

扩展延伸法就是在他人已发布内容的基础上，适当地进行延伸，从而产出新的原创内容。与模仿法相同，扩展延伸法参照的对象也以各种短视频的热点内容为主。

例如，有段时间《牧马人》这部电影突然在各种短视频平台上面爆火，尤其是电影中"老许，你要老婆不要"这一句台词更是传遍大江南北，使人印象深刻。于是不少短视频运营者开始结合这句台词，根据自身情况，打造了类似于"老×，你要买房不要"这样的短视频。

这种视频有着幽默搞笑的成分，同时又与大多数家庭的现实息息相关，获得了不少用户的喜欢和转发。当然，这种类型的短视频也同样适用于微信视频号，往往可以快速吸引一些用户的围观。

2.2　常见的热门内容类型

运营者在做视频号运营时，对于那些爆款产品一定要时刻保持敏锐的嗅觉，及时去研究、分析、总结它们成功的原因。不要一味地认为那些成功的人都是运气好，而要思考和总结他们成功的原因，多积累成功的经验，站在"巨人的肩膀"上，才能看得更高、更远。

本节笔者总结了短视频的8大热门内容类型，给大家作为参考，希望能够帮助大家创作出优秀的短视频。

2.2.1　才艺展示类

才艺包含的范围很广，除了常见的唱歌、跳舞之外，还包括摄影、绘画、书法、演奏、相声、脱口秀等。只要视频中展示的才艺足够独特，并且能够让用户觉得赏心悦目，那么视频很容易就能上热门。

下面笔者分析和总结了一些短视频"大V"们的不同类型的才艺内容，看看他们是如何成功的。

1. 演唱才艺

听音乐是大家都比较喜欢的放松心情的方式，所以，视频号上那些唱歌好的博主粉丝都比较多。而且这种类型的视频拍摄比较简单，不过对演唱者的唱歌水平有一定的要求。

图2-4所示为视频号"苏白睡醒啦"发布的唱歌短视频，视频中他演唱了一首《爸爸妈妈》，感情真挚，令人动容，收获了10万+的点赞，更有不少网友在该视频下面分享自己与爸爸妈妈的感人故事。

图 2-4　"苏白睡醒啦"发布的唱歌短视频

2. 舞蹈才艺

除了比较简单的音乐类手势舞外，视频号上还有很多比较专业的舞蹈视频，包括个人、团队、室内及室外等类型，都讲究舞蹈动作与音乐节奏的配合。

例如，比较热门的舞蹈类型有"嘟拉舞""panama舞""heartbeat舞""seve舞步""BOOM舞""98K舞""劳尬舞"等。展示舞蹈类才艺的运营者需要具有一定的舞蹈基础，同时比较讲究舞蹈的力量感，这些都是需要经过专业训练的。

3. 演奏才艺

对于一些学乐器的，特别是在乐器演奏上取得了一定成就的视频号运营者来说，发布其展示演奏才艺的视频内容是一个很好的获得关注的方式。

一般来说，只要演奏视频足够精彩，便能快速吸引用户的关注。图2-5所示的视频号发布的短视频就是通过演奏才艺来吸引用户关注的。

图 2-5 通过演奏才艺吸引关注

还有很多乐器演奏者的走红，是因为有网友把他们在街头表演的短视频发布到网上，表演精彩者甚至会引起热议，演奏者也会随之而红。

2.2.2 技能传授类

不少视频号用户都是抱着猎奇的心态来刷短视频的，那么什么样的内容可以吸引到这些用户呢？其中一种就是技能传授类的内容。技能既包括各种绝活，又包括一些小技巧，其中比较实用又简单的小技巧更容易获得视频号用户的喜爱。

图2-6所示为"土家食记"微信视频号运营者在平台上分享自己制作各类土家传统美食的短视频，画面清新活泼，食物制作简单，步骤清晰明确，吸引到不少用户的关注。

视频号中也有很多技能是需要长期训练的，普通用户很难轻松掌握，但是一般只要技能够精彩、够富有新意，就有人愿意看、愿意关注。

图 2-6 通过短视频技能传授吸引众人关注

其实，除了那些难以掌握的技能之外，视频号运营者更多的是在视频中展示一些普通用户学得会、用得着的技能。例如，许多爆红短视频的技能便属于此类，如图2-7所示。

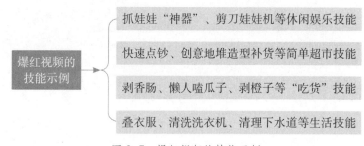

图 2-7 爆红视频的技能示例

与一般的内容不同，技能类的内容能让一些普通用户觉得像是发现了一个新大陆。如果他们觉得视频中的技能在以后的日常生活中用得上，就会对其进行收藏，甚至将视频转发给自己的亲戚朋友。因此，只要运营者在视频中展示的技能在用户看来是实用的，那么该视频的播放量就不会太低。

2.2.3　美景美食类

关于"美"的词语，从古至今有许多，如沉鱼落雁、闭月羞花、倾国倾城等，除了表示其漂亮外，还附加了一些美丽所引发的效果。由此可见，高颜值还是有着很大的影响力的，有时甚至会起到决定作用，毕竟古语有云，"爱美之心，人皆有之"。

这一现象同样适用于微信视频号内容的打造，当然这里的"美"并不单单指人，还包括美景、美食等。运营者可以通过短视频将美景和美食进行展示，让用户共同欣赏。

1. 美景短视频拍摄技巧

美景短视频是很多Vlog类创作者喜欢拍摄的题材，但很多新手面对漂亮的景色，往往只能拍出平淡无奇的视频画面，着实可惜。

在拍摄风景短视频时，除了要突出拍摄主体，还必须要有好的前景和背景。图2-8所示的短视频的拍摄者就精心在画面下方选择山和树木作为前景，不仅可以使画面的空间深度感得到增强，还弥补了单调天空背景区域的不足之处。

图2-8　在视频画面中安排前景

对于风景短视频作品来说，其构图的核心要点是平衡，视觉平衡的视频画面可以给欣赏者带来稳定、协调的感觉，如图2-9所示。

图 2-9　采用对称平衡的构图方式拍摄城市夜晚风光短视频

微信视频号的用户群体通常是利用碎片化的时间来刷短视频的，因此，运营者需要在视频开始的几秒就将风景的亮点展现出来，同时整个视频的时间不宜过长。例如，图2-10所示的短视频，一开始漫天的星光便映入眼帘，非常迷人。

图 2-10　将精彩风景安排在视频开头部分

　　需要注意的是，风景短视频的后期处理是必不可少的，微信视频号上很多美景视频基本都是经过调色处理的，如图2-11所示。另外，风景短视频还需要搭配应景的背景音乐。例如，拍摄江南小镇的短视频作品时，可以搭配一些曲调温和的古风背景音乐，如图2-12所示。

图 2-11　风景短视频的调色处理　　　　图 2-12　选择合适的背景音乐

　　最后，运营者在发布风景短视频时，可以稍微卖弄一下文采，给视频加上一句能够触动人心的文案，让粉丝产生共鸣，从而带动作品的话题性，这样产生爆款的概率会更大。

2. 美食短视频拍摄技巧

　　拍摄美食短视频看似很简单，只要按下手机的录像键，一个美食短视频就拍摄好了，但事实上，美食短视频的拍摄并非如此简单，如果毫无章法地拍摄美食，很难达到好的观赏效果。所以，拍摄简单的食物短视频也是需要掌握一些技巧的。

　　微信视频号中有很多拍摄美食的短视频制作教程，下面笔者总结了一些通用的拍摄流程。

　　（1）架好三脚架，拍摄美食的食材原料，如砧板上摆放的一整块肉。

　　（2）在镜头中挥挥手，作为转场切换镜头的画面，后期剪掉多余的镜头并合并视频即可。

（3）在砧板上倒入切好的美食，如切成小块的肉。

（4）把切好的美食倒入烧好油的锅中。

（5）拍摄在锅中翻炒美食的画面。

（6）拍摄加入美食配料并起锅的镜头画面。

在文案方面，运营者可以在视频中加上"教你做××菜"的标题，并且在视频中告诉观众制作这道美食的整个操作流程，以及用到的食材和配料。另外，制作的美食成品一定要色香味俱全，厨具和厨房一定要干净、整洁、卫生，让用户产生食欲，这样才能获得他们的点赞和关注。

例如，由"饲养员郝妈妈"微信视频号发布的一个制作春卷的视频，不仅做法简单，成品看上去也很诱人，吸引了不少用户点赞，如图2-13所示。

图2-13　美食制作类短视频示例

美食试吃类测评种草的短视频通常包括两种形式，分别为美食试吃和美食探店。以美食试吃类短视频为例，运营者可以购买一些外卖、零食、地方特产或者饮料等美食产品，也可以征集粉丝的意见，让他们给你推荐要试吃的产品。

在拍摄过程中，运营者可以从美食开箱开始拍摄，并且在视频中分享美食的味道、口感和制作原料等心得体会，或者陪粉丝聊天，还可以发表一些人生理想的内容，让试吃的整个过程不会太过单调。

美食Vlog类的短视频，可以发布一些美食展示的内容，包括新鲜水果、海鲜、地方特产、"轻技术"等，这类短视频同时要注重表演性，更要拍出让人有食欲的画面效果。另外，运营者在拍摄美食Vlog类短视频时，可以通过食材配料的展示和制作环境、厨师等元素，来唤起观众对于美食的记忆，从而产生共鸣。

拍摄美食短视频时，运营者要从美食本身的形状和构造上下功夫，把握其构造，利用其形状，就可以在拍摄的时候，拍出好看的美食图片。

2.2.4　幽默搞笑类

打开微信视频号，随便刷几个短视频，就会看到其中有搞笑类的短视频内容。这是因为短视频毕竟是人们在闲暇时间用来放松或消遣的娱乐方式，因此，平台也非常喜欢这种搞笑类的短视频内容，更愿意将这些内容推送给观众，增加观众对平台的好感，同时让平台变得更为活跃。

运营者在拍摄搞笑类短视频时，可以从以下几个方面入手来创作内容：

（1）剧情搞笑。运营者可以通过自行招募演员、策划剧本，来拍摄具有搞笑风格的短视频作品。这类短视频中的人物形体和动作通常都比较夸张，同时语言幽默搞笑，感染力非常强。

（2）创意剪辑。通过截取一些搞笑的影视短片镜头画面，并配上字幕和背景音乐，制作成创意搞笑的短视频。例如，由"文案君"发布的一个"可口可乐这特效得花千万吧"的短视频，主要通过剪辑该特效广告中的某些搞笑画面，配合动感十足的背景音乐，笑点很强，吸引了3万多观众点赞，如图2-14所示。

图 2-14　搞笑类短视频示例

（3）犀利吐槽。对于语言表达能力比较强的用户来说，可以直接用真人出镜的形式，来上演脱口秀节目，吐槽一些接地气的热门话题或者各种趣事，加上非常夸张的造型、神态和表演，给观众留下深刻印象，吸引粉丝关注。例如，微信视频号上很多剪辑《吐槽大会》的经典片段的短视频，点赞量都能轻松达到好几万。

在微信视频号平台上，运营者也可以自行拍摄各类原创幽默搞笑段子，变身搞笑达人，轻松获得大量粉丝的关注。当然，这些搞笑段子的内容最好来源于生活，与大家的生活息息相关，或者是发生在自己周围的事，这样才会让观众产生亲切感。

另外，搞笑类短视频的内容包含面非常广，各种酸甜苦辣应有尽有，不容易让观众产生审美疲劳，这也是很多人喜欢搞笑段子的原因。

例如，在微信视频号上拥有众多粉丝的"陈翔六点半"，就是一个专门生产各种搞笑段子的短视频大运营者，其主要内容是以"解压、放松、快乐"为主题的小情节短剧，嵌入了许多喜剧色彩元素，每条视频都能获得不少用户的点赞和评论，如图2-15所示。

图2-15 "陈翔六点半"微信视频号拍摄内容

★ 专家提醒 ★

"陈翔六点半"采用电视剧高清实景的方式来进行拍摄，通过夸张幽默的剧情内容和表演形式，以及一两个情节和笑点来展现普通人生活中的各种"囧事"。

2.2.5　知识技能类

在短视频时代，可以非常方便地将自己掌握的知识录制成课程教学的短视频，然后通过短视频平台来传播并售卖给受众，从而帮助创作者获得不错的收益和知名度。笔者总结了一些创作知识技能类短视频的相关技巧，如图2-16所示。

图 2-16　创作知识技能类短视频的相关技巧

知识输出类的短视频在各短视频平台上是比较受欢迎的，试想如果一个用户在看完某短视频之后，能够获得一些知识，而且这些知识对自己是非常实用的，那为什么不去关注呢？所以，视频号运营者可以发布一些知识类的短视频来吸引流量。

例如，考驾照这件事对于一部分人来说是比较难的，考好几次都不过的大有人在。视频号"老司机60秒"就是为这些学车难的用户提供更简单的学车方法。该账号发布的视频有趣不枯燥，讲解开车的知识点简单明了，方便学车者学习到各种实操的要点，如图2-17所示。

图 2-17　"老司机 60 秒"发布的相关短视频

★ 专家提醒 ★

运营者如果在某一领域或行业经过一段时间的经营，拥有了一定的影响力或者有一定经验之后，也可以将自己的经验进行总结，然后出版图书，以此获得收益。只要作者本身有实力基础与粉丝支持，那么收益还是很可观的。

2.2.6　帅哥美女类

"爱美之心，人皆有之"，不得不承认，如今在短视频平台上，只要长得好看就能飞速吸引粉丝注意，从而达到"火"的目的。

人物是微信视频号平台中最常出现的拍摄对象，真人出镜的短视频作品，不仅可以更加吸引观众的眼球，还可以使运营者的账号更加真实，获得平台给予更多的流量推荐。很多人非常胆怯，认为自己长得丑，声音不好听，又想拍视频，但又不敢露面，心理非常矛盾。

记住，拍短视频并不是选美，只要你的内容足够优质，都可以获得点赞和涨粉。真人出镜非常有利于打造个人形象，让大家可以认识你，记住你，慢慢积累粉丝对你的信任感，这也有利于后期的变现。如今这个社会，无论做什么事情，只有先获得别人的认可，才有之后的一切可能。

上述是笔者从微信视频号的运营角度来分析的，那么从拍摄角度来说，真人出镜的短视频，会带来很强的代入感，从而更加吸引人。在拍真人出镜的视频时，单靠自己的手端举手机进行视频拍摄，很难达到更好的视觉效果，拍摄出来的自己在视频当中大都"不完整"，且不说全身入镜，就连上半身入镜都很困难，这时，更好的视频拍摄方法就是利用各种脚架和稳定器等工具，如图2-18所示。

图2-18　手机脚架和手持稳定器

使用稳定器拍摄，可以让画面更加平稳流畅，即使人物处在运动过程中，也能够让画面始终保持鲜活生动，如图2-19所示。手机是否稳定，在很大程度上决定着视频拍摄画面的稳定程度，如果手机不稳，就会导致拍摄出来的手机视频跟着摇晃，视频画面也会十分模糊。如果手机被固定，那么拍摄过程就会十分平稳，拍摄出来的视频画面也会十分稳定。

图2-19　拍摄运动的人物短视频画面

在自拍短视频时，最好不要将人物对象放在画面正中央，这样会显得很呆板，可以将其置于画面的九宫格交点、三分线或者斜线等位置上，这样能够突出主体对象，让观众快速找到视频中的视觉中心点，如图2-20所示。

图2-20 突出视频中的人物主体

同时，人物所处的拍摄环境也相当重要，必须与短视频的主题相符合，而且场景要干净整洁。因此，拍摄者要尽量寻找合适的场景，不同的场景可以营造出不同的视觉感觉，通常是越简约越好。

不难看出，颜值是短视频营销的一大利器。只要长得好看，拍摄画面漂亮，即便没有过人的技能，随便唱唱歌、跳跳舞拍个视频也能吸引一些粉丝。

这一点其实很好理解，毕竟谁都喜欢看好看的东西。很多人之所以刷各类短视频，并不是想通过这些视频学习什么，只是借助其打发一下时间，在他们看来看一下帅哥、美女本身就是一种享受。

2.2.7 游戏娱乐类

打游戏是现在年轻人比较喜欢的休闲方式，由此出现了一批很有人气的游戏主播。游戏娱乐类短视频是一种非常火爆的内容形式，在制作这种类型的内容时，运营者必须掌握游戏录屏的操作方法。

1. 手机录屏

大部分智能手机自带录屏功能，通常为长按【电源键+音量键】开始，按【电源键】结束，用户可以尝试或者上网查询自己手机的录屏方法，打开游戏后，按下录屏快捷键即可开始录制画面，如图2-21所示。

图 2-21　使用手机进行游戏录屏

对于没有录屏功能的手机来说，可以去手机应用商店中搜索下载一些录屏软件，如图2-22所示。另外，用户还可以通过剪映App的"画中画"剪辑功能，来合成游戏录屏界面和主播真人出镜的画面，制作更加生动的游戏类短视频作品，如图2-23所示。剪辑功能的具体操作方法将会在后面的章节进行详细介绍。

2. 计算机录屏

计算机录屏的工具非常多，如Windows 10系统和PPT 2016都自带了录屏功能。在Windows 10系统中，按【Win+G】组合键调出录屏工具栏，然后单击红色的圆形按钮即可开始录制计算机屏幕，如图2-24所示。

图2-22　下载手机录屏软件　　　图2-23　使用剪映App合成视频

图 2-24　Windows 10 系统的录屏工具

如果Windows系统的版本比较低，可以在计算机上安装PPT 2016，启动软件后切换至"录制"功能区，在"自动播放媒体"选项板中单击"屏幕录制"按钮即可，如图2-25所示。然后在计算机上打开游戏应用，单击"选择区域"按钮，框选要录制的游戏界面区域，单击"录制"按钮即可开始录制游戏视频。

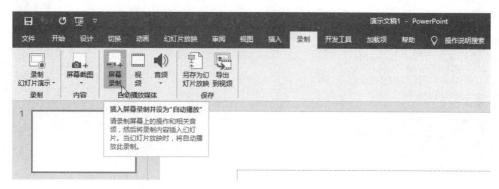

图 2-25　Windows 10 系统的录屏工具

当然，上面介绍的都是比较简单的录屏方法，这种方法的优点在于快捷方便。如果用户想制作更加专业的教学类视频或者游戏直播，则需要下载功能更为丰富的专业录屏软件，如迅捷屏幕录像工具等，该软件具有录屏设置、全屏录制、区域录制、游戏模式、添加文本、画线、局部放大、转为GIF、语言设置、快捷键设置等功能，如图2-26所示。

图 2-26　迅捷屏幕录像工具

另外，运营者也可以在计算机上安装手机模拟器，如雷电模拟器、逍遥模拟器、夜神安卓模拟器、蓝叠模拟器以及MuMu模拟器等，这些模拟器可以让用户在计算机上畅玩各种手游和应用软件，录制游戏视频更为方便，如图2-27所示。

图 2-27　手机模拟器

2.2.8　信息普及类

有时专门拍摄短视频内容比较麻烦，如果视频号运营者能够结合自己的兴趣爱好和专业知识打造短视频内容，就部分大众比较关注的方面进行信息普及，那么短视频的制作就会变得容易许多。例如，视频号"网易云音乐"主要是对各类音乐信息进行普及，收集各种好听的音乐和好看的音乐视频并发布在视频号上。图2-28所示为"网易云音乐"发布的音乐视频。

又如，"老潘的摄影世界"主要是对手机摄影技巧进行普及，传授各种手机拍摄技巧和经验。图2-29所示为"老潘的摄影世界"发布的微信视频号内容。因为音乐和摄影都有广泛的受众，而且其分享的内容对于其他用户也比较有价值，发布的短视频自然就得到了不少用户的支持。

图 2-28　"网易云音乐"发布的音乐视频

图 2-29　"老潘的摄影世界"发布的短视频

2.3　内容选择的基本技巧

每天都有成千上万的视频运营者将自己精心制作的视频上传到视频号的平台上，但被推荐成为热门的视频却寥寥无几，到底什么样的视频可以被推荐？本节将介绍视频号短视频上热门的常见技巧。

2.3.1　传达正能量

什么是正能量？百度百科给出的解释如下："正能量指的是一种健康乐观、积极向上的动力和情感，是社会生活中积极向上的行为。"下面将从3个方面结合具体案例进行解读，让大家了解什么样的内容才是正能量的内容。

1. 好人好事

好人好事包含的范围很广，既可以是见义勇为，为他人伸张正义；也可以是拾金不昧，主动将财物交还给失主；还可以是看望孤寡老人，关爱弱势群体。

视频号用户在看到这类视频时，会从那些做好人好事的人身上看到善意，感觉到这个社会的温度。同时，这类视频很容易触及视频号用户柔软的内心，让浏览者看后忍不住点赞。图2-30所示为一些微信视频号发布的关于好人好事的短视频，有关于爱心志愿者的，也有地方救援队的，都是一些充满善意的人和行为，令每一个观看者都能感受到世界的美好。

图 2-30 好人好事的相关短视频

2. 文化内容

文化内容包含书法、乐趣和武术等，这类内容在微信视频号上有较强的号召力。如果视频号账号运营者有文化内容方面的特长，可以用发布短视频的方式展示给其他视频号的用户，让他们感受到文化的魅力。

图 2-31 所示是"云外书法美学"发布的关于练字心得与体会的视频，引起了不少内行人的共鸣，也让原本不了解书法艺术的人感受到了书法的魅力，进而关注该微信视频号。

图 2-31 "云外书法美学"发布的短视频

3. 努力拼搏

当用户看到视频中那些努力拼搏的身影时，会感受到满满的正能量，这会让其在深受感染之余，从内心产生一种认同感。在视频号中表达认同最直接的一种方式就是点赞，因此，那些传达努力拼搏精神的视频，加上比较励志优秀的文案，通常比较容易获得较高的点赞量。

图2-32所示为一名女性卡车司机发布的关于拼搏的短视频，这位微信视频号名称为"卡车女司机姚姚"的运营者在视频中表示，"不管做什么工作，相信自己是最棒的"，获得了许多网友的点赞和转发。

图2-32　"卡车女司机姚姚"
发布的短视频

★ 专家提醒 ★

运营者可以用短视频分享一些身边的正能量事件，如乐于助人、救死扶伤、颁奖典礼、英雄事迹、为国争光的体育健儿、城市改造、母爱亲情、爱护环境、教师风采及文明礼让等，引导和带动粉丝弘扬和传播正能量。

2.3.2　发现美好生活

生活中处处充满美好，缺少的只是发现美的眼睛。用心记录生活，生活也会时时回馈给你惊喜。下面来看看那些微信视频号上的达人是如何拍摄生活中的片段，并赢得大量粉丝关注的。有时我们司空见惯的东西，再加上一点创意和改造后，往往能变成令人眼前一亮的新事物。

如图2-33所示，该微信视频号中，这位运营者为用户分享了如何用废弃的气球和棉花制作小挂件的方法，获得了一致好评。"匠心之城"将碎玻璃进行切割、打磨和抛光，制成了"翡翠"，实在是创意无限。

生活当中的美好涵盖的面非常广，只要你有一双能发现美的眼睛，那些简单的快乐也会让人心生向往。图2-34所示为知名视频博主"李子柒"发布的视频片段，她将忙碌的乡村生活拍得充满诗意，远离了城市的喧嚣，简单而知足，每天日出而作，日落而息。就是这种简单的快乐，却也呈现出生活中美好的一面。

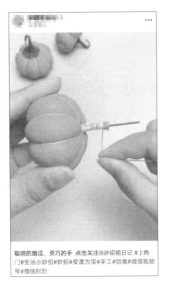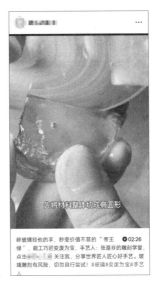

图 2-33　创造生活中的美好

图 2-34　李子柒的视频截图

2.3.3　融入个人创意

俗话说"台上十分钟，台下十年功"，视频号上有创意和脚踏实地的短视频内容从不缺少粉丝的点赞和喜爱。

短视频运营者也可以结合自身优势，打造创意视频，使视频变得有趣生动，同时还可以让自己成为超级IP（Intellectual Property，知识产权）。对于普通人来说，在这个新媒体时代，要变成超级IP并不难，关键是我们如何去做。下面笔者总结了一些打造IP的方法和技巧。

（1）内容吸睛。能够带动用户的情绪共鸣，主动产生流量，如幽默搞笑的趣味内容可以让人放松，有用的才艺技能能够让人模仿学习等。

（2）有辨识度和吸引力。IP需要有鲜明的人设魅力特点，这样粉丝对于他们的身份也会产生认同，从而自带势能和流量，同时具有更加持久的生命力。

（3）提升技能。IP不仅要起好名字，还需要打造一个让人容易记忆和产生好感的形象，同时还要不断提升自己的知识技能，并将其输出给用户。

例如，视频号"颖妈手工"的运营者是一名擅长手艺的手工艺者，她拍摄了一条展示如何制作扑克牌收纳盒的短视频。用户看到该短视频后纷纷点赞留言，表示想跟着学手艺，还希望短视频能持续更新。图2-35所示为视频号"颖妈手工"的主页和发布的短视频。

图2-35　"颖妈手工"的视频号主页和发布的短视频

要想成为短视频领域的超级 IP，首先要想办法让自己的作品火爆起来，这是成为 IP 的一条捷径。如果视频号运营者没有那种一夜爆火的好运气，就需要一步步脚踏实地地做好自己的短视频内容。

2.3.4　紧跟热点话题

很多视频号运营者发布的内容都是原创，制作时也花了不少心思，但是却得不到系统的推荐，点赞和评论都很少，这是为什么呢？

其实一条视频要想在视频号上火起来，除"天时、地利、人和"以外，还有两个重要的"秘籍"：

· 要有足够吸引人的全新创意。

· 内容要具有丰富性。

想做到这两点，最简单的方法就是紧抓热点话题，丰富自己账号短视频的内容形式，发展更多的新创意玩法。

例如，这段时间社会各界都在密切关注央视的"3·15"晚会，时刻紧盯各行各业存在的各种违规情况。"老实说车"就紧抓这一热点在微信视频号上发布了一个短视频，揭露在汽车行业中存在的一些不法乱象。视频发布之后，引起了很多微信视频号用户的关注，他们纷纷点赞留言。图2-36所示为微信视频号平台上关于"3·15"晚会的短视频。

图 2-36　关于"3·15"晚会的短视频

2.3.5 设计反转剧情

拍摄短视频时，出人意料的反转，往往能让人眼前一亮。在拍摄时要打破常规惯性思维，使用户在看开头时猜不透结局的动向，直到看到最终结果才豁然开朗，忍不住为其点赞。

短视频的这种反转剧情往往能让用户出乎意料，一边猜测剧情一边忍不住看到结局。这类短视频是比较受用户喜欢的，所以，运营者可以多拍摄这种类型的短视频。

在策划短视频的剧本时，用户可以设计一些反差感强烈的转折场景，通过这种高低落差的安排，能够形成十分明显的对比效果，为短视频带来新意，同时也为观众带来更多笑点。

例如，由"徐记海鲜"发布的一个剧情反转的短视频，其内容如下：

男朋友的妈妈以为女孩是卖虾的，给女孩一张百万支票，要求她离开自己的儿子。结果女孩刚走，男朋友走进来，痛哭流涕地跟他妈妈说："这个海鲜酒楼都是女孩家的"，此时剧情反转，男友妈妈颤抖着双手说道："应该还没有走远，赶紧去追。"

这种反转能够让观众产生惊喜感，同时对剧情的印象更加深刻，刺激他们去点赞和转发。下面笔者总结了一些拍摄剧情反转类短视频的相关技巧，如图2-37所示。

剧情有代入感	剧情贴合观众的生活或工作场景，增加代入感
台词幽默搞笑	采用旁白进行叙事，设计能引起观众爆笑的台词
剧情容易模仿	结合正能量与反转剧情，带动观众进行模仿跟拍
人物形象反差	剧中的人物形象与角色定位或话题形成强烈反差
试听体验反差	使用与剧情形成强烈反差的背景音乐，增加噱头
加入地域对比	采用不同地域的文化习惯或生活方式形成鲜明对比
加入角色对比	设计角色的财富高低、人物年龄、人物形象等对比

图 2-37　拍摄剧情反转类短视频的相关技巧

第3章
视频制作：快速获得高质量素材

做任何事情都是有技巧的，拍摄微信视频号短视频也是如此。运营者要想快速拍出高质量的短视频素材，需要重点做好3个方面的工作，即选择合适的拍摄工具、掌握拍摄的基本技巧和了解特色视频的录制方法。

3.1 选择视频拍摄工具

微信视频号的视频主要用到的拍摄设备包括手机、单反相机和稳定器等，运营者可以根据自己的资金状况来选择。运营者首先需要对自己的视频拍摄需求做一个定位，到底是用来进行艺术创作，还是纯粹用来记录生活，对于后者，笔者建议选购一般的单反相机或者好一点的拍照手机即可。只要运营者掌握了正确的技巧和拍摄思路，即使是便宜的拍摄器材，也可以创作出优秀的短视频作品。

3.1.1 拍摄设备

对于那些对短视频品质要求不高的视频号运营者来说，普通的智能手机即可满足拍摄需求，这也是目前大部分运营者最常用的拍摄设备。

在选择拍短视频的手机时，主要关注手机的视频分辨率规格、视频拍摄帧速率、防抖性能、对焦能力及存储空间等因素，尽量选择一款拍摄画质稳定、流畅，并且可以方便地进行后期制作的智能手机。

例如，HUAWEI P40 Pro 采用麒麟 990 5G SoC 芯片，搭配了超感知徕卡四摄镜头，能够帮助运营者轻松捕捉复杂环境下的艺术光影，做"自己生活中的导演"。图 3-1 所示为使用华为手机的"延时摄影"模式拍摄的高楼流云短视频，能够获得平常无法看见的精彩画面效果。

图 3-1 延时摄影效果

如果运营者是专门从事摄影或者短视频制作方面的工作，或者是"骨灰级"的短视频玩家，那么单反相机或者高清摄像机是必不可少的摄影设备，如图 3-2 所示。

图 3-2　单反相机和高清摄像机

建议运营者购买全画幅的单反相机，因为这种相机的传感器比较大，感光度和宽容度都比较高，拥有不错的虚化能力，画质也更好。同时，运营者可以根据不同短视频的内容题材，来更换合适的镜头，拍出有电影感的视频画面效果。

此外，这些专业设备拍摄的短视频作品通常还需要结合计算机的后期处理，否则效果不能完全发挥出来。图 3-3 所示为经过后期色彩处理的短视频效果，色彩更为艳丽。

图 3-3　经过后期色彩处理的短视频效果

3.1.2　录音设备

普通的视频号内容，直接使用手机录音即可，对于采访类、教程类、主持类、情感类或者剧情类的视频内容来说，对声音的要求比较高，推荐大家在 TASCAM、ZOOM、SONY 等品牌中选择一些高性价比的录音设备。

（1）TASCAM：这个品牌的录音设备具有稳定的音质和持久的耐用性。例如，TASCAM DR-100MKIII录音笔的体积非常小，适合单手持用，而且可以保证采集的人声更为集中与清晰，收录效果非常好，适用于拍摄谈话节目类的短视频场景，如图3-4所示。

（2）ZOOM：ZOOM品牌的录音设备做工与质感都不错，而且支持多个话筒，可以多用途使用，适合录制多人谈话节目和情景剧类型的短视频。图3-5所示为ZOOM H6手持数字录音机，这款便携式录音机能够真实还原拍摄现场的声音，录制的立体声效果可以增强短视频的真实感。

图 3-4　TASCAM DR-100MKIII 录音笔

（3）SONY：SONY品牌的录音设备体积较小，比较适合录制各种单人短视频，如教程类或主持类的应用场景。图3-6所示为索尼ICD-TX650录音笔，不仅小巧便捷，可以随身携带录音，而且还具有智能降噪、7种录音场景、宽广立体声录音及立体式麦克风等特殊功能。

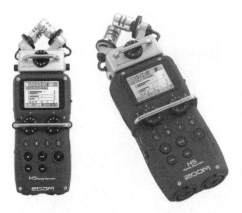

图 3-5　ZOOM H6 手持数字录音机

图 3-6　索尼 ICD-TX650 录音笔

3.1.3　灯光设备

在室内或者专业摄影棚内拍摄视频号内容时，通常需要保证光感清晰、环境敞亮和可视物品整洁，这就需要明亮的灯光和干净的背景。

光线是获得清晰视频画面的有力保障，合适的光线能增强画面的美感。下面介绍拍摄专业视频时比较常用的灯光设备。

（1）八角补光灯：这种灯光适合各种音乐类、舞蹈类和带货类等视频场景。具体打光方式以实际拍摄环境为准，建议设置一个顶位，两个低位。图 3-7 所示为八角补光灯的常见样式。

图 3-7　八角补光灯的常见样式

（2）顶部射灯：功率通常为 15 ～ 30W，运营者可以根据拍摄场景的实际面积和安装位置来选择合适的射灯强度和数量。这种灯光适合舞台、休闲场所、居家场所、娱乐场所、服装商铺和餐饮店铺等拍摄场景。图 3-8 所示为顶部射灯的常见样式。

图 3-8　顶部射灯的常见样式

（3）美颜面光灯：美颜面光灯通常带有美颜、美瞳和靓肤等功能，光线质感柔和，同时可以随场景自由调整光线亮度和补光角度，拍出不同的光效。这种灯光适合拍摄彩妆造型、美食带货、主播直播及人像视频等场景。图 3-9 所示为美颜面光灯的常见样式。

51

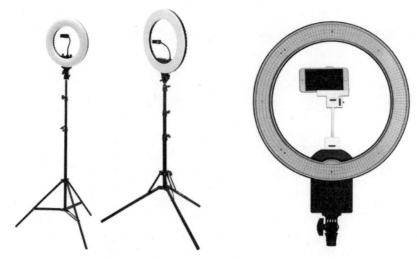

图 3-9　美颜面光灯的常见样式

3.1.4　辅助设备

对于视频号运营新手来说，拍摄视频只需一部手机就完全足够了，但对于专业运营者来说，可能需要购买很多辅助设备。下面介绍几种拍摄视频的常见辅助设备。

（1）手持云台：云台的主要功能是稳定拍摄设备，防止抖动造成的画面模糊。云台主要适用于拍摄户外风景或者人物动作类视频。图 3-10 所示为手持云台的常见样式。

图 3-10　手持云台的常见样式

（2）运动相机：运动相机设备可以还原每一个运动瞬间，记录更多转瞬即逝的动态之美或奇妙表情等丰富的细节，还能保留相机的转向运动功能，带来稳定、清晰和流畅的视频画面效果。运动相机能轻松应对旅拍、Vlog、直播和生活记录等各种场景的拍摄需求。图 3-11 所示为运动相机的常见样式。

图 3-11　运动相机的常见样式

（3）无人机：无人机主要用来高空航拍，能够拍摄出宽广大气的视频画面效果，给人一种气势恢宏的感觉。当运营者需要拍摄移动中的物体时，无人机也是一种不错的拍摄设备。图 3-12 所示为无人机的常见样式和拍摄的视频效果。

图 3-12　无人机的常见样式和拍摄的视频效果

（4）外接镜头：运营者可以在手机上扩展各种外接镜头设备，主要包括微距镜头、偏振镜、鱼眼镜头、广角镜头和长焦镜头等，能够满足更多的拍摄需求。图 3-13 所示为手机外接镜头套装的样式。

图 3-13　手机外接镜头套装的样式

（5）三脚架：三脚架主要用来在拍摄视频时稳固手机或相机，为创作视频作品提供了一个稳定平台。三脚架主要起到稳定手机的作用，所以，脚架需要结实。但是，由于其经常需要被携带，所以，又需要具有轻便、易携带的特点。图 3-14 所示为三脚架的常见样式。

手机夹

图 3-14　三脚架的常见样式

3.2　掌握视频拍摄技巧

微信视频号运营者要想快速拍出高质量的视频素材，除了要选择合适的拍摄工具之外，还需要掌握必要的视频拍摄技巧。本节将重点讲解 4 个视频拍摄的技巧，帮助大家更好、更快地拍出高质量的视频素材。

3.2.1　精准聚焦

如果在拍摄视频时主体对焦不够准确，很容易造成画面模糊的现象。为了避免出现这种情况，可以使用支架、手持稳定器、自拍杆或其他物体来固定手机，防止镜头在拍摄时抖动。

另外，运营者还可以在拍摄时点击屏幕，让相机的焦点对准画面中的主角，然后点击拍摄按钮开始录制视频，这样既可获得清晰的视频画面，还能突出主体对象。用户直接打开微信视频号进行拍摄，便其对焦功能比较简单，直接点击屏幕切换对焦点即可，如图 3-15 所示。

图 3-15　用微信视频号直接拍摄时显示的对焦功能

3.2.2　运用光线

光线可以分为自然光与人造光。如果没有光线，那么世界就会一片黑暗，所以，光线对于视频拍摄来说至关重要，也决定着视频的清晰度。当光线比较黯淡时，拍摄的视频就会模糊不清，即使手机像素很高，也可能存在此种问题。当光线较亮时，用手机拍摄的视频画面会比较清晰。

下面主要介绍顺光、侧光和逆光这 3 种常见自然光线的拍摄技巧，帮助微信视频号运营者用光影来突出短视频的层次与空间感。

1. 顺光

顺光是指照射在被摄物体正面的光线。图 3-16 所示为顺光拍摄的花朵视频，能够让拍摄主体更好地呈现出自身的细节和色彩。

图 3-16　顺光拍摄的花朵视频

顺光的主要特点是受光非常均匀，画面比较通透，不会产生非常明显的阴影，而且色彩非常亮丽。

2. 侧光

侧光是指光源的照射方向与手机视频拍摄方向呈直角状态，即光源是从视频拍摄主体的左侧或右侧直射过来的光线，因此，被摄物体受光源照射的一面非常明亮，而另一面则比较阴暗，画面的明暗层次感非常分明。

采用侧光拍摄的视频，可以体现出一定的立体感和空间感，轻松拍出超有意境的光影效果，如图 3-17 所示。

图 3-17　侧光拍摄展现立体感与空间感

3. 逆光

图 3-18 所示为逆光拍摄的黄昏景色。可以看出，用逆光拍摄黄昏，更能凸显出日落时分的美丽景象。

图 3-18　逆光拍摄的黄昏视频

逆光是指拍摄方向与光源照射方向刚好相反，也就是将镜头对着光拍摄，可以产生明显的剪影效果，从而展现出被摄对象的轮廓线条。

3.2.3　前景装饰

前景，最简单的解释就是位于视频拍摄主体与手机镜头之间的事物。前景装饰就是指在视频拍摄当中，起装饰作用的前景元素。前景装饰可以使视频画面具有更强烈的纵深感和层次感，同时也能大大丰富视频画面的内容，使视频更加鲜活饱满。因此，微信视频号运营者在进行视频拍摄时，可以将身边能够充当前景的事物拍摄到视频画面当中来。

图 3-19 所示就是将交错的树木作为视频的前景装饰元素，可以起到凸显主体的作用，更能让观众体会到山间日出的宏伟景色。将这种拍摄手法运用到短视频中，能吸引到更多用户的关注。

图 3-19　将树木作为视频前景装饰元素的视频拍摄案例展示

此外，在使用前景装饰的方式拍摄视频时，要注意前景装饰毕竟只是作为装饰而存在，切不可面积过大，抢了视频拍摄主体的"风头"，所以，在实际的视频拍摄过程当中，运营者应当保证前景装饰的大小要适度，不可反客为主。

3.2.4　场景切换

场景的转换看上去很容易，只是简单地将镜头从一个地方移动到另一个地方。然而，在影视剧的拍摄当中，场景的转换至关重要，它不仅关系到作品中剧情的走向或视频中事物的命运，也关系到视频的整体视觉感官效果。

如果一段视频中的场景转换十分生硬，除非是特殊的拍摄手法或者是导演想要表达特殊的含义之外，这种生硬的场景转换，会使视频的质量大大降低。在影视剧当中，场景的转换一定要自然流畅，行云流水、恰到好处的场景转换才能使视频的整体质量大大提升。

下面将手机短视频拍摄中的场景转换分为两种类型来讲解。

一种是同一个镜头中，一段场景与另一段场景的变化，这种场景之间的转换需要自然得体，符合视频内容或故事走向。例如，图 3-20 所示的短视频，第 1 组场景是旋转拍摄高空俯瞰下的圆形建筑物；第 2 组场景将镜头推近，继续旋转拍摄建筑的一侧；第 3 组场景将镜头拉远后再推进；第 4 组场景继续旋转推进镜头，进行全局到细节的整体预览。这 4 组场景共同组成一个展示圆形建筑物全貌的短视频大片。

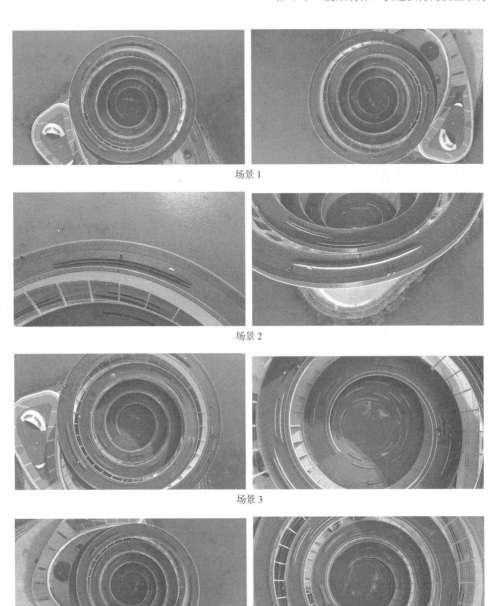

场景 1

场景 2

场景 3

场景 4

图 3-20　通过 4 组场景组成的短视频示例

　　另一种是一个片段与另一个片段之间的转换，专业术语是转场，转场就是多个镜头之间的画面切换。这种场景效果的变换需要用到手机视频后期处理软件来实现。

★ 专家提醒 ★

运营者在拍摄具有故事性的视频时，一定要注意场景变换会给视频故事走向带来巨大影响。一般来说，场景转换时出现的画面都会带有某种寓意或者象征故事的某个重要环节，所以，场景转换时的画面，一定要与整个视频内容有关系。

3.3 做好画面构图

在拍摄短视频时，构图是指通过安排各种物体和元素，来实现一个主次关系分明的画面效果。视频号运营者在拍摄视频时，可以通过适当的构图方式，将自己的主题思想和创作意图形象化和可视化地展现出来，从而创造出更出色的视频画面效果。

3.3.1 黄金分割构图

黄金分割构图法是以 1∶1.618 这个黄金比例作为基本理论，可以让拍摄的视频画面更自然、舒适、赏心悦目，更能吸引观众的眼球。

图 3-21 所示为采用黄金螺旋线构图拍摄的视频画面，能够让观众的视线焦点瞬间转移到塔吊的主体上。

图 3-21 黄金螺旋线构图拍摄的视频示例

黄金螺旋线是根据斐波那契数列画出来的螺旋曲线，是自然界最完美的经典黄金比例。很多手机相机都自带黄金螺旋线构图辅助线，运营者在拍摄时可以直接打开该功能，将螺旋曲线的焦点对准主体即可，然后切换至视频模式拍摄。

★ 专家提醒 ★

黄金比例线是在九宫格的基础上，将所有线条都分成 3/8、2/8、3/8 三条线段，它们中间的交叉点就是黄金比例点，是画面的视觉中心。在拍摄视频时，可以将要表达的主体放置在这个黄金比例线的比例点上，来突出画面主体。

3.3.2 九宫格构图

九宫格构图又称井字形构图，是指用横竖各两条直线将画面等分为 9 个空间，让景物和谐地排在 9 个空间中，这样不仅可以让画面更加符合人们的视觉习惯，而且能突出主体、均衡画面。

将拍摄重点置于九宫格的右边线条上，可以使观众的视觉重点瞬间转移到逆光的树干上，如图 3-22 所示。而这样的拍摄手法会使拍摄出来的画面更加协调干净，给观众带来美的享受。

图 3-22 九宫格构图拍摄的视频示例

★ 专家提醒 ★

使用九宫格构图拍摄视频，不仅可以将主体放在 4 个交叉点上，还可以将其放在 9 个空间格内，从而使主体非常自然地成为画面的视觉中心。

3.3.3　水平线构图

水平线构图就是以一条水平线来进行构图取景，给人带来辽阔和平静的视觉感受。水平线构图需要前期多看、多琢磨，寻找一个好的拍摄地点进行拍摄。水平线构图方式对于拍摄者的画面感有着比较高的要求，看似是最为简单的构图方式，反而常常要花费非常多的时间去拍摄出一个好的视频作品。

图 3-23 所示为采用水平线构图拍摄的自然风光延时视频，用水平线分割整个画面，可以让画面达到绝对平衡，带来不一样的视觉感受。

图 3-23　水平线构图拍摄的自然风光延时视频示例

对于水平线构图的拍法最主要的就是寻找到水平线，或者与水平线平行的直线，这里分为两种类型进行讲解。

第一种就是直接利用水平线进行拍摄，以远方的海天相交处为界，将画面分为两部分，如图 3-24 所示。

图 3-24　利用水平线进行视频的拍摄

　　第二种就是利用与水平线平行的线进行构图，如地平线，这种构图方式能让拍摄的视频画面更为辽阔高远，给观众一种宁静祥和的感觉，从而使视频更受人喜爱，如图 3-25 所示。

图 3-25　利用地平线进行视频的拍摄

3.3.4　三分线构图

　　三分线构图是指将画面从横向或纵向分为三部分，在拍摄视频时，将对象或焦点放在三分线的某一位置上进行构图取景，让对象更加突出，让画面更加美观。

　　三分线构图的拍摄方法十分简单，只需要将视频拍摄主体放置在拍摄画面的横向或者纵向 1/3 处即可。如图 3-26 所示，视频画面中上面 2/3 为蓝天白云，下面 1/3 为江面，可以形成一种动静对比。

图 3-26　下三分线构图拍摄的视频示例

采用三分线构图拍摄短视频最大的优点就是，将主体放在偏离画面中心的 1/3 位置处，使画面不至于太枯燥或呆板，还能突出视频的拍摄主题，使画面紧凑有力。如图 3-27 所示，以湖岸线为分界线，下方水面约占整个画面的 2/3，天空与岸上风光约占画面的 1/3，这样的构图可以使得画面看起来更加舒适。

图 3-27　上三分线构图拍摄的视频示例

3.3.5　斜线构图

斜线构图主要利用画面中的斜线引导观者的目光，同时能够展现物体的运动、变化及透视规律，可以让视频画面更有活力感和节奏感。斜线的纵向延伸可加强画面深远的透视效果，而斜线的不稳定性则可以使画面富有新意，给观众带来独特的视觉效果。图 3-28 所示为利用小船的斜线来进行构图，让视频画面更具层次感。

图 3-28　斜线构图拍摄的视频示例

在拍摄短视频时，想取得斜线构图效果也不是难事，一般来说利用斜线构图拍摄视频主要有以下两种方法：

第一种方法是利用视频拍摄主体本身具有的线条构成斜线。图 3-29 所示为从侧面取景拍摄大海的延时短视频，海岸线在画面中形成了一条斜线，让整个视频画面更有活力。

图 3-29　利用视频拍摄主体本身具有的线条构成斜线

第二种方法是利用周围环境或道具，为视频拍摄主体构成斜线。如图 3-30 所示，视频中的主体是弹琴的机器人，但单独拍摄机器人太过单调，于是拍摄者就利用旁边机器人手中的吉他作为斜线，让视频画面更丰富。

图 3-30　利用道具为视频拍摄主体构成斜线

3.3.6 对称构图

对称构图是指画面中心有一条线把画面分为对称的两份，可以是画面上下对称，也可以是画面左右对称，或者是画面的斜向对称，这种对称画面会给人一种平衡、稳定、和谐的视觉感受。

如图 3-31 所示，以大桥中央的斑马线为垂直对称轴，画面左右两侧的桥体和路灯元素对称排列，拍摄这种视频画面时注意要横平竖直，尽量不要倾斜。

图 3-31　左右对称构图拍摄的视频示例

如图 3-32 所示，以地面与水面的交界线为水平对称轴，水面清晰地反射了上方的景物，形成上下对称构图，让视频画面的布局更为平衡。

图 3-32　上下对称构图拍摄的视频示例

3.3.7　透视构图

透视构图是指视频画面中的某一条线或某几条线，有由近及远形成的延伸感，能使观众的视线沿着视频画面中的线条汇聚成一点。

在短视频的拍摄中，透视构图可以分为单边透视和双边透视。单边透视是指视频画面中只有一边带有由远及近形成延伸感的线条，能增强视频拍摄主体的立体感；双边透视则是指视频画面两边都带有由远及近形成延伸感的线条，能很好地汇聚观众的视线，使视频画面更具有动感和深远意味，如图 3-33 所示。

图 3-33　双边透视构图拍摄的视频示例

★ 专家提醒 ★

透视构图本身就有"近大远小"的规律，这些透视线条能让观众的眼睛沿着线条指向的方向看去，有引导观众视线的作用。拍摄透视构图的关键是找到有透视特征的事物，如一条由近到远的马路、围栏或者走廊等。

关于透视构图，有一本书讲得比较透彻，那就是《摄影构图从入门到精通》，能够帮你学到更多摄影构图技巧，从而提升你在拍视频时的构图取景水平。

3.3.8 中心构图

中心构图是将拍摄主体放置在视频画面的中心进行拍摄，其最大的优点在于主体突出、明确，而且画面可以达到上下左右平衡的效果，更容易抓人眼球。

图 3-34 所示为采用中心构图拍摄的视频画面，其构图形式非常精练，在运镜的过程中始终将作为拍摄主体的立交桥放在画面中间，观众的视线会自然而然地集中到立交桥的灯光上，让运营者想表达的内容一目了然。

图 3-34　中心构图拍摄的视频示例

第4章

视频处理：提高视频的吸睛能力

由于种种原因，许多微信视频号运营者对于自己拍摄的视频内容或多或少都有一些不满意的地方，或者说许多运营者都觉得给用户看的视频应该更好。此时，运营者便需要通过一些剪辑方法来提高视频的质量。

4.1 基础视频处理方法

在进行视频编辑加工时，运营者需要熟练掌握一些基础的视频剪辑方法（即初阶视频剪辑方法）。这样运营者便可以提高视频剪辑的速度，快速增加微信视频号短视频内容的看点。

4.1.1 基本处理操作

在视频剪辑的过程中，有一些基本的操作（如视频分割、复制、删除和变速）是必须掌握的。接下来，就以剪映App为例，对相关视频处理操作的具体步骤进行说明。

步骤01 打开剪映App，在"剪辑"界面中点击上方的"开始创作"按钮，如图4-1所示。

步骤02 进入"素材"界面，❶选择需要进行处理的视频素材；❷点击"添加"按钮，如图4-2所示。

图4-1 点击"开始创作"按钮

图4-2 点击"添加"按钮

步骤03 操作完成后，进入视频处理界面，点击界面中的"剪辑"按钮，如图4-3所示。

步骤04 拖曳时间轴至相应位置；在"剪辑"菜单栏中点击"分割"按钮，即可直接对视频进行分割，如图4-4所示。

点击

图4-3　点击"剪辑"按钮

点击

图4-4　点击"分割"按钮

步骤 05 ❶选中需要复制的视频片段；❷点击"复制"按钮，如图4-5所示。

步骤 06 操作完成后，复制的片段会出现在后方，如图4-6所示。

❶选中

❷点击

图4-5　点击"复制"按钮

复制片段

图4-6　复制片段

步骤 07 ❶选中需要删除的视频片段；❷点击"删除"按钮，如图4-7所示。

步骤 08 操作完成后，即可看到该片段已被删除，如图4-8所示。

步骤 09 ❶选择需要进行变速处理的短视频片段；❷点击"变速"按钮，如

71

图4-9所示。

图4-7　点击"删除"按钮　　　　　　图4-8　所选片段已被删除

步骤10 操作完成后，界面下方会弹出变速方式的选择项，运营者可以在"常规变速"和"曲线变速"之间进行选择。以选择"常规变速"为例，运营者只需点击"常规变速"按钮即可，如图4-10所示。

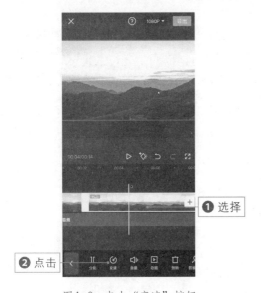

图4-9　点击"变速"按钮　　　　　　图4-10　点击"常规变速"按钮

步骤11 在弹出的列表框中❶拖曳 ⬤ 图标设置变速倍速；❷点击 ✓ 图标，如

图4-11所示。

步骤 12 操作完成后，返回至变速方式选择界面。如果此时中视频的时间长度出现了变化，就说明变速处理成功了，如图4-12所示。

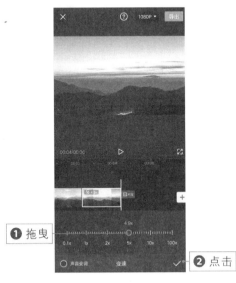

图4-11　点击√图标

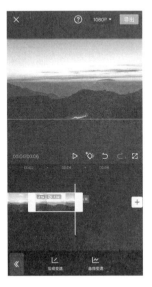

图4-12　变速处理成功

4.1.2　使用视频特效

在视频号的视频内容中添加特效，可以让画面看上去更加酷炫。下面，以剪映App为例，为大家介绍中视频添加特效的具体方法。

步骤 01 在剪映App中导入一个视频素材，并在视频处理界面中点击"特效"按钮，如图4-13所示。

步骤 02 在弹出的列表框中 ❶ 选择自己所需要的特效； ❷ 点击√图标，如图 4-14所示。

图4-13　点击"特效"按钮

图4-14　点击√图标

步骤03 操作完成后，如果视频轨道下方出现了一条带有特效名称的轨道，就说明特效添加成功了，如图4-15所示。另外，运营者可以通过拖动特效轨道的长度，调整特效的覆盖范围。

步骤04 如果运营者要替换特效，❶可以选中对应的特效轨道片段；❷点击"替换特效"按钮，如图4-16所示。

图4-15　出现特效轨道

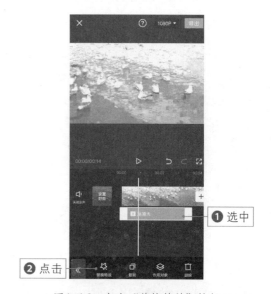

图4-16　点击"替换特效"按钮

步骤05 在弹出的列表框中❶选择需要替换的特效；❷点击✓按钮，如图4-17所示。

步骤06 返回视频处理界面，如果特效的名称变成了刚刚选择的特效，就说明特效替换成功了，如图4-18所示。

步骤07 操作完成后，点击界面上方的"导出"按钮，即可预览视频处理后的效果，并将视频保存至手机中备用，如图4-19所示。

图4-17　点击✓按钮

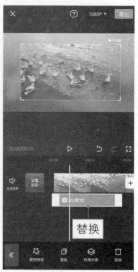

图4-18　特效替换成功

图4-19　视频导出后的预览效果

4.1.3　添加视频滤镜

在剪辑视频号的视频素材时，如果运营者选择的滤镜不同，视频呈现出来的风格也会出现较大的差异，添加滤镜可以让视频画面的色彩更加丰富、鲜亮。下面介绍使用剪映App为短视频添加滤镜效果的操作方法。

步骤01 在剪映App中导入一个素材，点击一级工具栏中的"滤镜"按钮，如图4-20所示。

步骤02 进入"滤镜"编辑界面，可以看到其中有质感、清新、风景及复古等滤镜选项卡，如图4-21所示。

图4-20　点击"滤镜"按钮　　　　图4-21　"滤镜"编辑界面

步骤03 用户可根据视频场景选择合适的滤镜效果，如图4-22所示。

步骤04 点击 ✓ 按钮返回，拖曳滤镜轨道右侧的白色拉杆，调整滤镜的持续时间，使其与视频时间保持一致，如图4-23所示。

图4-22　选择合适的滤镜效果

图4-23　调整滤镜的持续时间

步骤05　点击底部的"滤镜"按钮，调出"滤镜"编辑界面，拖曳"滤镜"界面上方的白色圆环滑块，适当调整滤镜的应用程度参数，如图4-24所示。

步骤06　点击"导出"按钮导出视频，预览视频效果，如图4-25所示。

图4-24　调整应用程度参数

图4-25　预览视频效果

4.1.4　调整光影色调

　　如果视频号运营者拍摄视频时光线不太好，那么拍出来的视频画面会显得有些暗淡。此时，运营者就需要通过光影色调的调整，让画面变得明亮起来。下面以剪映App为例，对光影色调调整的具体方法进行说明。

　　步骤 01 在剪映 App 中导入一个素材，点击底部的"调节"按钮，如图 4-26 所示。

　　步骤 02 进入"调节"编辑界面，❶选择"亮度"选项；❷向右拖曳白色圆环滑块，即可提亮画面，如图 4-27 所示。

　　步骤 03 ❶选择"对比度"选项；❷适当向右拖曳滑块，增强画面的明暗对比效果，如图 4-28 所示。

　　步骤 04 ❶选择"饱和度"选项；❷适当向右拖曳滑块，增强画面的色彩饱和度，如图 4-29 所示。

　　步骤 05 适当向右拖曳"锐化"滑块，增加画面的清晰度，如图 4-30 所示。

　　步骤 06 适当向右拖曳"高光"滑块，增加画面高光部分的亮度，如图 4-31 所示。

图4-26　点击"调节"
　　　　　按钮

图4-27　调整画面亮度

图4-28　调整画面对比度

图4-29　调整画面色彩
　　　　　饱和度

图4-30　调整画面清晰度

图4-31　调整画面高光部分的亮度

步骤07 适当向右拖曳"阴影"滑块，可以增加画面中阴影部分的亮度，如图4-32所示。

步骤08 适当向左拖曳"色温"滑块，增强画面冷色调效果，如图4-33所示。

图4-32　调整画面阴影部分的亮度

图4-33　调整画面色温

步骤09 适当向右拖曳"色调"滑块，增强画面的粉色效果，如图4-34所示。

步骤10 ❶选择"褪色"选项；❷向右拖曳滑块可以降低画面的色彩浓度，

如图4-35所示。

图4-34　调整画面色调　　　　　　　图4-35　调整褪色效果

步骤 11 点击右下方的 ✓ 按钮，应用调节效果，时间线区域将会生成一条调节轨道，如图4-36所示。

步骤 12 向右拖曳调节轨道右侧的白色拉杆，使其与视频时间保持一致，如图4-37所示。

图4-36　生成调节轨道　　　　　　图4-37　调整"调节"效果的持续时间

步骤 13 点击右上角的"导出"按钮，导出并预览视频，效果如图4-38所示。

图4-38　导出并预览视频

4.1.5　做好视频转场

有时视频号运营者是分段拍摄的视频素材，这样拍摄的视频画面会出现一个问题，那就是每段最后一个画面和下一段第一个画面的衔接不太顺畅。对此，运营者只需在各段视频的间隔处添加转场效果，便可以让整条中视频看起来更加顺畅。下面以剪映App为例，对添加转场效果的具体方法进行说明。

步骤 01 在剪映 App 中导入相应的素材，点击前两个片段中间的 I 图标，如图 4-39 所示。

步骤 02 执行上述操作后，进入"转场"编辑界面，如图 4-40 所示。

步骤 03 在"基础转场"

图4-39　点击相应图标
　　　　 按钮

图4-40　"转场"编辑
　　　　 界面

选项卡中选择"向右擦除"转场效果，如图 4-41 所示。

步骤 04 向右拖曳"转场时长"滑块，调整转场效果持续时间，如图 4-42 所示。

步骤 05 依次点击"应用到全部"按钮和 ✓ 按钮，确认添加转场效果，点击第 2 个视频片段和第 3 个视频片段中间的 ⋈ 图标，如图 4-43 所示。

步骤 06 ❶ 在"基础转场"选项卡中选择"眨眼"转场效果；❷ 适当拖曳"转场时长"滑块，调整转场效果的持续时间，如图 4-44 所示。

图4-41　选择"向右擦除"转场效果　　图4-42　调整转场时长

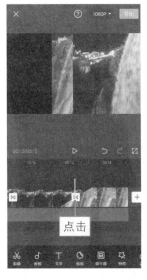

图4-43　点击相应图标按钮

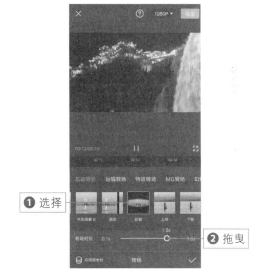

图4-44　调整转场时长

步骤 07 点击 ✓ 按钮，即可给视频添加不同的转场效果，添加合适的背景音乐，点击右上角的"导出"按钮，导出并预览视频，效果如图 4-45 所示。可以看到，添加转场能够让不同场景的视频画面更加流畅地组合在一起。

图4-45　导出并预览视频

4.2　高级视频处理方法

除了初阶视频剪辑方法之外，微信视频号运营者还有必要掌握一些高阶视频剪辑方法。这些高阶视频剪辑方法运用得好，可以达到为视频增光添色的效果。

4.2.1　设置视频文字

微信视频号运营者可以通过文字的设置，对视频内容进行说明，让用户快速把握视频的重点内容。那么，如何在视频中设置文字信息呢？下面就以剪映App为例，为大家介绍具体的操作方法。

步骤01 打开剪映App，在主界面中点击"开始创作"按钮，如图4-46所示。

步骤02 进入"素材"界面后，❶选择合适的视频素材；❷点击"添加"按钮，如图4-47所示。

步骤03 执行操作后，即可导入该视频素材，依次点击"文字"按钮和"新建文本"按钮，如图4-48所示。

图4-46　点击"开始创作"
按钮

图4-47　点击"添加"
按钮

步骤 04　进入文字编辑界面，用户可以长按文本框，通过粘贴文字来快速输入，如图4-49所示。

图4-48　点击"新建文本"按钮　　　　　图4-49　进入文字编辑界面

步骤 05　在文本框中输入符合短视频主题的文字内容，如图4-50所示。

步骤 06　点击 ✓ 按钮确认，即可添加文字。在预览区域按住文字素材并拖曳，即可调整文字的位置和大小，如图4-51所示。

图4-50　输入文字　　　　　　　　　图4-51　调整文字的位置和大小

步骤 07 拖曳字幕轨道右侧的白色拉杆，调整文字在画面中出现的时间和持续时长，如图4-52所示。

步骤 08 点击文本框右上角的 ✎ 按钮，进入"样式"界面，选择相应的字体样式，如选择"宋体"字体样式，如图4-53所示。

步骤 09 字体下方为描边样式，运营者可以选择相应的样式模板快速应用描边效果，如图4-54所示。

图4-52 调整文字的持续　图4-53 选择"宋体"字体
　　　　 时长　　　　　　　　　　 样式

步骤 10 用户也可以点击底部的"描边"按钮，切换至该选项卡，在其中也可以设置描边的颜色和粗细度参数，如图4-55所示。

图4-54 选择描边效果

图4-55 设置描边效果

步骤 11 切换至"标签"选项卡，在其中可以设置标签颜色和透明度，添加标签效果，让文字更为明显，如图4-56所示。

步骤12 切换至"阴影"选项卡，在其中可以设置文字阴影的颜色和透明度，添加阴影效果，让文字显得更为立体，如图4-57所示。

图4-56　添加标签效果

图4-57　添加阴影效果

步骤13 ❶切换至"排列"选项卡，运营者可以在此选择左对齐、水平居中对齐、右对齐、垂直上对齐、垂直居中对齐和垂直下对齐等多种对齐方式，让文字的排列更加错落有致；❷拖曳下方的"字间距"滑块，调整文字间的距离，如图4-58所示。

步骤14 点击"导出"按钮，导出视频后，即可预览文字效果，如图4-59所示。

图4-58　调整字间距

图4-59　预览文字效果

4.2.2 识别音频内容

剪映App的识别字幕功能准确率非常高，能够帮助用户快速识别并添加与视频时间对应的字幕轨道，提升制作短视频的效率，下面介绍具体的操作方法。

步骤01 在剪映App中打开一个素材，点击"文字"按钮，如图4-60所示。

步骤02 进入文字编辑界面，点击"识别歌词"按钮，如图4-61所示。

步骤03 执行操作后，弹出"自动识别歌词"对话框，点击"开始识别"按钮，如图4-62所示。如果视频中本身存在歌词，可以选中"同时清空已有歌词"单选按钮，快速清除原来的歌词。

图4-60 点击"文字"按钮　　图4-61 点击"识别歌词"按钮

步骤04 执行操作后，软件开始自动识别视频中的音乐内容，如图4-63所示。

图4-62 点击"开始识别"按钮

图4-63 自动识别音乐内容

步骤05 稍等片刻，即可完成字幕识别，并自动生成对应的字幕轨道，如图4-64所示。

步骤06 拖曳时间轴，可以查看字幕效果，如图4-65所示。

图4-64　生成字幕轨道　　　　　　　　图4-65　查看字幕效果

步骤07 在时间线区域选择相应的字幕轨道，并在预览区域适当调整文字的大小，如图4-66所示。

步骤08 点击文本框右上角的 🖉 按钮，进入"样式"界面，还可以设置字幕的字体样式、描边、阴影及对齐方式等选项，如图4-67所示。

步骤09 切换至"气泡"选项卡，选择一个气泡边框效果，如图4-68所示。

步骤10 点击 ✓ 按钮，确认添加气泡边框效果，这样可以更加突出字幕内容，如图4-69所示。

图4-66　调整文字的大小　　图4-67　设置字幕字体样式

图4-68　选择气泡边框效果　　　　　图4-69　添加气泡边框效果

步骤 11 点击"导出"按钮，即可导出并预览视频，效果如图4-70所示。

图4-70　预览视频效果

4.2.3　使用贴纸效果

在剪映App中，视频号运营者可以直接给视频素材添加贴纸效果，让画面更加精彩、有趣，下面介绍具体的操作方法。

步骤 01 在剪映App中导入一个素材，点击"文字"按钮，如图4-71所示。

步骤 02 进入文字编辑界面，点击"添加贴纸"按钮，如图4-72所示。

图4-71　点击"文字"按钮

图4-72　点击"添加贴纸"按钮

步骤 03 执行操作后，进入添加贴纸界面，下方窗口中显示了软件提供的所有贴纸模板，如图4-73所示。

步骤 04 选择并点击合适的贴纸，即可自动添加到视频画面中，如图4-74所示。

图4-73　添加贴纸界面

图4-74　添加贴纸

步骤 05 在预览区域调整贴纸的大小和位置，还可添加多个贴纸，在时间线区域调整贴纸的持续时长。点击"导出"按钮，即可导出并预览视频效果，如图4-75所示。

图4-75 预览视频效果

4.2.4 制作三联屏背景

三联屏背景是一种非常火爆的微信视频号短视频类型，它可以让横版的视频变成竖版的视频，更能吸引观众的目光。下面介绍使用剪映App制作三联屏背景短视频的操作方法。

步骤 01 在剪映App中导入一个视频素材，并添加合适的背景音乐，点击底部的"比例"按钮，如图4-76所示。

步骤 02 调出比例菜单，选择9∶16选项，调整屏幕显示比例，如图4-77所示。

图4-76 点击"比例"按钮　　　　　图4-77 选择9∶16选项

步骤 03 返回主界面，点击"背景"按钮，如图4-78所示。

步骤 04 进入背景编辑界面，点击"画布颜色"按钮，如图4-79所示。

图4-78 点击"背景"按钮

图4-79 点击"画布颜色"按钮

步骤 05 调出"画布颜色"菜单，用户可以在其中选择合适的背景颜色，如图4-80所示。

步骤 06 在背景编辑界面点击"画布样式"按钮，调出相应菜单，如图 4-81 所示。

图4-80 选择背景颜色

图4-81 调出"画布样式"菜单

步骤07 用户可以在下方选择默认的画布样式模板，如图4-82所示。

步骤08 另外，运营者也可以在"画布样式"菜单中点击■按钮，进入"照片视频"界面，选择自己所需的文件夹并在其中选择合适的背景图片或视频，如图4-83所示。

步骤09 执行操作后，即可设置自定义的背景效果，如图4-84所示。

图4-82 选择画布样式模板　　图4-83 选择背景图片

步骤10 在背景编辑界面中点击"画布模糊"按钮，调出相应菜单，选择合适的模糊程度，即可制作出抖音中火爆的分屏模糊背景视频效果，如图4-85所示。

图4-84 设置自定义的背景效果　　图4-85 选择合适的模糊程度

步骤11 点击右上角的"导出"按钮，导出并播放预览视频，可以看到画面分为上中下三屏，上端和下端的分屏画面呈模糊状态显示，而中间的分屏画面则呈清晰状态显示，可以让画面主体更加聚焦，效果如图4-86所示。

图4-86　导出并预览视频

4.2.5　制作渐变效果

剪映App也能轻松制作火爆全网的渐变切换镜头的短视频效果，下面介绍具体的操作方法。

步骤01　在剪映 App 中导入一段素材，❶ 拖曳时间轴至开始变色的位置；❷ 选择视频轨道；❸ 点击◇按钮添加一个关键帧，如图 4-87 所示。

步骤02　❶ 拖曳时间轴至渐变结束的位置；❷ 点击◇按钮再添加一个关键帧，如图 4-88 所示。

图4-87　添加关键帧　　　　图4-88　添加关键帧

步骤03 点击下方工具栏
中的"滤镜"按钮，在"滤镜"
界面的"风景"选项卡中选择
"远途"滤镜效果，如图4-89
所示。

步骤04 点击✔按钮返回，
点击下方工具栏中的"调节"
按钮，❶在"调节"界面中选
择"亮度"选项；❷拖曳白色
圆环滑块，按需设置参数，如
图4-90所示。

步骤05 ❶选择"饱和度"
选项；❷拖曳白色圆环滑块，
按需设置参数，如图4-91所示。

图4-89 选择"远途"滤 图4-90 设置"亮度"
镜效果 参数

步骤06 ❶选择"锐化"选项；❷拖曳白色圆环滑块，按照个人需要设置参
数，如图4-92所示。

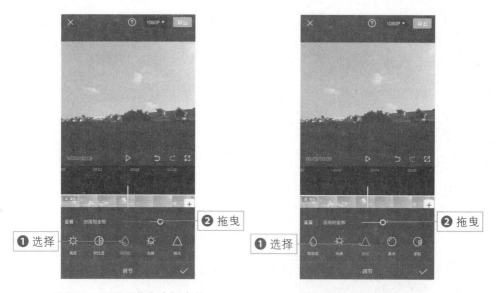

图4-91 设置"饱和度"参数 图4-92 设置"锐化"参数

步骤07 ❶选择"色温"选项；❷拖曳白色圆环滑块，按照个人需要设置参
数，如图4-93所示。

步骤08 点击 ✓ 按钮添加调节效果，拖曳时间轴至第一个关键帧的位置，点击"滤镜"按钮，拖曳滤镜界面上方的白色圆环滑块，将其参数设置为自己需要的，如图4-94所示。

图4-93　设置"色温"参数　　　　　图4-94　设置"滤镜"参数

步骤09 点击右上角的"导出"按钮，即可导出并播放预览视频，效果如图4-95所示，可以看到原本蓝色的天空逐渐变成了蓝绿色。

图4-95　预览视频效果

第5章

文案打造：增加视频内容的亮点

　　一个成功的短视频除了内容要精彩，视频文案也是非常重要的一部分。好的视频文案能够快速吸引视频号用户的注意，并为发布视频的账号增加大量粉丝。那么，如何才能写好视频文案，做到吸睛、增粉两不误呢？

5.1　视频封面的设置要点

封面对于一个视频来说是至关重要的，因为许多用户都会根据封面呈现的内容，决定要不要点击查看视频。那么，如何为微信视频号选择合适的封面图片呢？笔者认为可以重点从5个方面进行考虑。

5.1.1　紧密联系内容

如果将一个视频比作一篇文章，那么视频的封面就相当于文章的标题。所以，运营者在选择封面时，一定要考虑封面图片与视频内容的关联性。如果运营者选择的封面图片与视频内容的关联性太弱，那么就像写文章有标题党的嫌疑一样，会让人觉得文不对题。在这种情况下，用户看完视频之后，自然就会生出不满情绪，甚至会产生厌恶感。

其实，根据与内容的关联性选择视频封面，操作起来很简单，运营者只需要根据视频的主要内容选择能够代表主题的文字和画面即可。

图5-1所示为部分微信视频的封面，这些封面在根据与视频内容的关联性来选择封面图片这一方面就做得很好。因为它直接呈现的是制作完成的菜品，看上去色、香、味俱全，令人食欲大增，有的还在封面上标明要制作的菜品名称。这样一来，用户看到封面之后就能大致判断这个视频是要展示哪个菜品的制作过程了。

图 5-1　根据与视频内容的关联性选择的封面图

5.1.2　画面清晰度高

许多人在看一条视频时，最先看到的是封面图片。部分运营者会直接从拍摄的视频中选择某个画面作为封面图片。此时，选择清晰度高的封面图片就显得尤为重要了。否则，用户看到封面图片之后就会留下极差的印象，在这种情况下用户很可能就不会点击查看视频。

图5-2所示为两个短视频的画面，这两个短视频都是关于旅行美景的，但是它们的画面都比较模糊，如果不看画面中的文字信息，用户甚至都不知道该画面呈现的是什么内容。试问，将这种画面作为封面图片，用户又怎么会有查看视频的兴趣呢？

图5-2　模糊的视频画面

同样是将视频的画面作为封面图片，如果运营者选择的图片清晰度非常高，能够很好地展现出画面的拍摄质感，那么，用户在看到封面图片之后，就会觉得运营者是在用心做视频。

在感受到运营者的用心之后，用户自然也会更愿意点击查看视频内容，这也是许多美景和美食类视频受到大量用户欢迎的重要原因之一。

图5-3所示为两个美景类短视频的画面，这两个画面的清晰度非常高，让人一看就能感受到画面中呈现出来的美景，产生身临其境之感。因此，如果运营者将这两个画面作为封面图片，那么许多用户在看到这么美的画面之后，都会选择点击查看对应的视频内容，视频的点击量也就随之提高了。

图5-3　清晰的美景类视频画面

5.1.3　图片光线充足

随着物质生活水平的提高，人们对品质的要求与标准也在不断提升。因此，如何选择高品质的图片素材便成封面设计时需要考虑的重点问题。一般而言，光线较足的图片素材会给用户带来更好的视觉享受。

图5-4所示为两张视频封面图片，可以看到这两张图中的主题都是小龙虾，但是左侧这张封面图片拍摄时光线显然有些不足，所以小龙虾看上去偏暗红色，就像不太新鲜似的；而右侧这张封面图片拍摄时光线显然要充足一些，所以小龙虾看上去呈现亮红色，让人有食欲。因此，当这两个封面放到用户面前时，大多数用户

图 5-4　光线影响观感的图片示例

都会更喜欢右侧这张封面。

由此可见，选择的封面图片没有把握好视觉光线，一方面容易导致呈现的图片无法达到预期的视觉效果；另一方面，这样的视觉图片也不足以引起用户的观看兴趣。而且同样的事物，在不同光线下呈现的效果有时也会有比较大的差距。如果事物是在光线充足的情况下被拍摄的，那么呈现出来的视觉效果往往会更好一些。

5.1.4　颜色搭配合适

要想让视频封面更吸引用户的目光，就要对封面图片的颜色搭配多一分思考。合理的图片颜色搭配能够给用户一种顺眼和耐看的感觉，让用户对图片对应的短视频更感兴趣。

★ 专家提醒 ★

具体来说，封面图片的颜色搭配需要满足以下两点：

（1）封面图片的色彩应该是明亮的，整体看上去要具有美感。

（2）封面图片中各种颜色的搭配不能显得混乱和突兀。

另外，如果没有特殊情况，封面图片要尽量选择色彩明亮的，这样的图片有如下两点好处：

（1）色彩明亮的封面图片看上去更加美观和舒适。

（2）色彩明亮的封面图片能给运营者带来更高的点击量。

下面以图解的形式，介绍色彩明亮的图片能够提高视频点击量的具体原因，如图5-5所示。

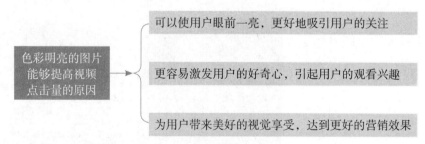

图5-5　色彩明亮的图片能够提高视频点击量的原因

图5-6所示为同一栋大楼在不同时间段的视频画面，可以看到左侧的画面为白天所拍，主要以灰色、暗绿色等比较沉郁的颜色为主，而右侧的画面为傍晚所拍，主要以宝蓝、白色这种比较明亮的颜色为主，还有闪亮的灯光。

大多数用户看到这两个画面之后，通常都会更喜欢右侧这个画面，因为右侧的画面的色彩与光线搭配丰富，给用户的视觉感更舒适，视觉冲击力也更强一些，能迅速吸引用户的注意力。

图5-6　同一栋大楼在不同时段的视频画面

很多用户在观看视频时都希望能有一个轻松愉快的氛围，而不愿意感受到视频中压抑的环境，色彩明亮的封面图片则能给用户带来舒适轻松的观看氛围。

要想使封面图片的搭配不显得混乱和突兀，则要求运营者在设计封面图片时必须遵循一定的色彩搭配原则。例如，将相隔较远的颜色（如黄色和紫色、红色和青绿色）进行搭配、将两个相对的颜色（如红色和绿色、黑色和白色）进行搭配，通常都能让封面图片获得更好的视觉效果。

5.1.5　选好景别方法

许多视频号运营者在制作视频封面时，会直接从视频中选取画面作为短视频的封面。这部分运营者需要特别注意一点，那就是不同景别的画面，显示的效果有很大的不同。运营者在选择视频封面时，应该选择展现视频最大看点的景别，让用户能够快速把握重点。

图5-7所示为某个微信号短视频的两个画面，可以看到这两个画面在景别上就存在很大的区别。从该视频的标题不难看出，这条视频中要重点展示的是用龙眼壳制作插花工艺品的方法，左侧的画面呈现的是龙眼壳插花的单株效果，该画

101

面中看不到制作成品的全貌。

右侧的画面呈现的是龙眼壳插花的全貌，该画面中直接展示了龙眼壳插花的制作成品。很显然，将右侧画面作为该短视频的封面更合适一些，让观众一眼就能知晓该视频作品的全貌，从而确定自己是否有观看这个微信号短视频的欲望。

图5-7　某短视频的两个画面

5.2　优质标题的打造方法

在视频号的运营过程中，标题的重要性不言而喻。在了解了标题的重要性之后，接下来就具体介绍怎样设置标题和利用什么表达方式去设置标题。

5.2.1　直接抛出福利

福利型的标题是指在标题上向受众传递一种"查看这个短视频你就赚到了"的感觉，准确把握了视频号用户求利的心理需求，让用户忍不住想要了解短视频的内容。

★ 专 家 提 醒 ★

下面介绍福利标题的两种表达形式。

（1）直接型。此类标题直接在标题上标注"福利"两字，让受众一看就知道该短视频具有福利。

（2）间接型。此类标题通过运用与福利具有一样表达意思的其他词语传递福利，如超值、优惠等词。

此外，在撰写福利型标题时，无论是直接型还是间接型，运营者都应该把握图5-8所示的3点技巧。

图5-8　福利型标题的撰写技巧

福利型标题有直接福利型和间接福利型两种不同的表达方式，不同的标题案例有不同的特色，接下来介绍这两种福利型标题的经典案例。

图5-9所示为直接福利型标题。图5-10所示为间接福利型标题。

图 5-9　直接福利型标题

图5-10　间接福利型标题

这两种类型的福利型标题虽然稍有区别，但本质上都是通过"福利"来吸引受众的眼球，从而提升微信视频号短视频的点击量。

福利型的标题通常会给受众带来一种惊喜之感，试想，如果短视频标题中或明或暗地指出含有福利，用户难道不会心动吗？福利型标题既可以吸引微信视频号用户的注意力，又可以为他们带来实际利益，可谓一举两得。

★ 专家提醒 ★

在撰写福利型标题需要注意以下两个问题：

（1）不要因为侧重福利而偏离了视频主题。

（2）最好不要使用太长的标题。

5.2.2　传授实用技巧

价值获得型标题是指向视频号用户传递一种"只要查看了短视频之后就可以掌握某些技巧或者知识"信息的标题。

这种类型的标题之所以能够引起受众的注意，是因为抓住了人们想要从短视频中获取实际利益的心理。有相当部分的视频号用户是带着一定的目的刷视频的，要么是希望短视频中含有福利，如优惠、折扣；要么是希望能够从短视频中学到一些有用的知识。因此，该类型标题的魅力是不可阻挡的。

在打造价值获得型标题的过程中，往往会遇到一些问题，如"什么样的技巧才算有价值？""价值获得型的标题应该具备哪些要素？"等。那么，价值获得型的标题到底应该如何撰写呢？笔者将其经验技巧总结为3点，如图5-11所示。

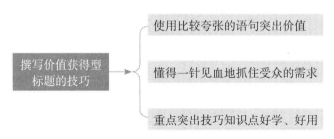

图5-11　撰写价值型标题的技巧

值得注意的是，在撰写标题时，最好不要过度夸大价值功效，如"一分钟一定能够学会××""3大秘诀包你××"等。价值获得型标题虽然需要添加修饰的成分，但是运营者要把握好度，要有底线和原则。

价值获得型标题通常会出现在技术类的文案之中，主要是为受众提供实际好用的知识和技巧，如图5-12所示为价值获得型标题的典型案例。

图5-12　价值型标题的典型案例

视频号用户在看见这种标题时，会更加有动力去查看短视频的内容，因为这种类型的标题会给人一种学习这个技能很简单，不用花费过多的时间和精力就能掌握的印象。

5.2.3　鼓舞受众情绪

励志型标题最为显著的特点就是"现身说法"，一般是通过第一人称的方式讲故事，故事的内容包罗万象，但总的来说离不开成功的方法、教训及经验等，这类标题充满正能量，视频号用户都喜闻乐见。

如今很多人都想致富，却苦于没有致富的定位，如果这个时候给他们看励志型短视频，让他们知道企业是怎样打破枷锁，走上人生巅峰的。这样的标题结构看起来具有独特的吸引力，他们很有可能对带有这类标题的内容感到好奇。励志型标题模板主要有两种，如图5-13所示。

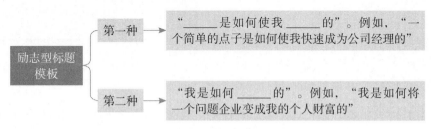

图5-13　励志型标题的两种模板

励志型标题的好处在于鼓动性强，容易制造一种鼓舞人心的感觉，勾起用户的好奇心，从而提升短视频的完播率。

那么，打造励志型的标题是不是单单依靠模板就了呢？答案是否定的，模板固然可以借鉴，但在实际的操作中，还是要根据内容的不同而研究特定的励志型标题。有3种经验技巧可供借鉴，如图5-14所示。

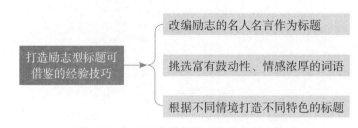

图5-14　打造励志型标题可借鉴的经验技巧

一个成功的励志型标题不仅能够带动受众的情绪，还能促使视频号用户对短视频产生极大的兴趣。图5-15所示为励志型标题的典型案例展示。

励志型标题一方面是利用视频号用户想要获得成功的心理，另一方面则是巧妙掌握了情感共鸣的精髓，通过带有励志色彩的字眼来引起受众的情感共鸣，从而成功吸引受众的眼球。

图5-15　励志型标题

5.2.4　造成感官刺激

所谓"冲击力"，即带给人在视觉和心灵上的触动的力量，也即引起视频号用户关注的原因所在。

图5-16所示为一些带有冲击力的视频标题案例。这两个短视频的标题就是利用"第一次"和"比……还重要"这种具有视觉冲击性的语言，来给用户造成了一种视觉乃至心理上的冲击。

图 5-16　带有冲击力的视频标题案例

受众往往比较关注那些具有特别突出特点的事物，而"第一次"和"比……还重要"等词汇是最能充分体现其突出性的，往往能带给受众强大的戏剧冲击感和视觉刺激感。

5.2.5 揭秘行业内幕

揭秘真相型标题是指为受众揭露某件事物不为人知的秘密的一种标题。大部分人都有好奇心，这种标题恰好可以抓住受众的这种心理，从而给受众传递一种莫名的兴奋感，充分引起受众的兴趣。而且，这种类型的标题比较容易打造，只需把握3个要点即可，如图5-17所示。

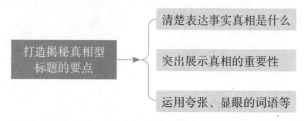

图5-17 打造揭秘真相型标题的要点

揭秘真相型标题，最好在标题之中显示出冲突性和巨大的反差，这样可以有效吸引受众的注意力，使得受众认识到短视频内容的重要性，从而愿意主动观看视频，提升短视频的点击率。

揭秘真相型标题其实和建议型标题有不少相同点，都提供了具有价值的信息，为受众带来实际的利益。当然，所有的标题形式实际上都是一样的，都带有自己的价值和特色，否则也无法吸引受众的注意，更别提为视频的点击率和点赞量做出贡献了。

5.2.6 主动制造悬念

好奇是人的天性，悬念型标题就是利用人的好奇心来打造的，首先抓住受众的眼球，然后提升受众的阅读兴趣。

标题中的悬念是一个诱饵，引导视频号用户查看短视频的内容，因为大部分人看到标题中有没被解答的疑问和悬念，就会忍不住进一步弄清楚到底怎么回事，这就是悬念型标题的套路。

悬念型标题在日常生活中运用得非常广泛，也非常受欢迎。人们在看电视、综艺节目的时候也会经常看到一些节目预告之类的广告，这些广告就会采取这种悬念型的标题引起观众的兴趣。利用悬念撰写标题的方法通常有4种，如图5-18所示。

图5-18　利用悬念撰写标题的常见方法

　　悬念型的标题是视频号运营者青睐有加的标题形式之一，它的效果也是有目共睹的。如果不知道怎么拟写标题，悬念型标题是一个很不错的选择。

　　但是，悬疑标题如果只是为了悬疑，一般只能够博取大众1～3次的眼球，很难保留长时间的效果。如果视频内容太无趣，无法达到标题引流的目的，那就是一个失败的标题，会导致标题营销的活动也随之泡汤。

　　因此，写手在设置悬疑型标题时，需要非常慎重，最好是有较强的逻辑性，切忌为了标题走钢索，而忽略了标题营销的目的和标题本身的质量。

　　悬念型标题是运用得比较频繁的一种标题形式，很多短视频都会采用这一标题形式来吸引受众的注意力，从而达到较为理想的传播效果或营销效果。图5-19所示为悬念型标题的典型案例。

图5-19　悬念型标题的案例

5.2.7 借势热门内容

借势是一种常用的标题制作手法，借势不仅完全是免费的，而且效果很可观。借势型标题是指在标题上借助社会上的一些事实热点、新闻的相关词汇来给短视频造势，增加点击量。

借势一般都是借助最新的热门事件吸引受众的眼球。一般来说，事实热点拥有一大批关注者，而且传播的范围也会非常广，视频号短视频标题借助这些热点就可以让视频号用户搜索到该短视频，从而吸引用户查看短视频的内容。

那么，在创作借势型标题的时候，应该掌握哪些技巧呢？笔者认为，可以从3个方面努力，如图5-20所示。

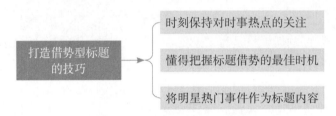

图5-20 打造借势型标题的技巧

前段时间，"淡黄的长裙，蓬松的头发"成为网络热点。这本是某选秀节目中一位学员所唱的RAP中的一句词，但是因为洗脑的节奏而被网友调侃。很多视频号运营者便借这一热点发布了许多与之相关的短视频。图5-21所示为两个微信视频号运营者在视频号平台上发布的短视频，吸引了不少用户的关注。

图5-21 借势型标题

在打造借势型标题的时候，要注意两个问题：一是带有负面影响的热点不要蹭，大方向要积极向上，给用户带来正确的思想引导；二是最好在借势型标题中加入自己的想法和创意，做到借势和创意的完美同步。

5.2.8　警告暗示用户

警告型标题常常通过发人深省的内容和严肃深沉的语调给受众以强烈的心理暗示，从而给用户留下深刻的印象。尤其是警告型的新闻标题，常常被很多视频号运营者所追捧和模仿。警告型标题是一种有力量且严肃的标题，是通过标题给人以警醒作用，通常会将3种内容移植到标题中，如图5-22所示。

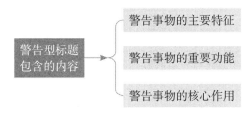

图5-22　警告型标题包含的内容

那么，警告型标题应该如何构思和打造呢？很多人只知道警告型标题能够起到比较显著的影响，容易夺人眼球，但具体如何撰写却是一头雾水。笔者在这里想分享3个技巧，如图5-23所示。

图5-23　打造警告型标题的技巧

在运用警告型标题时，需要注意运用的文章是否恰当，因为并不是每一个视频号短视频都可以使用这种类型的标题。

如果这种标题形式运用得恰当，则能加分，起到其他标题无法替代的作用。如果运用不当的话，很容易让用户产生反感情绪或引起一些不必要的麻烦。因此，视频号运营者在使用警告型新闻标题的时候要谨慎小心，注意用词恰当与否，绝对不能草率行文，不顾内容胡乱取标题。警告型标题可以应用的场景很多，大多都是技巧类的短视频和供人消遣的娱乐新闻，起到抓住用户眼球的作用。

图5-24所示为带有警告型标题的短视频。标题中的"警惕"二字就非常吸引人眼球，当视频号用户看到这个标题时，就会忍不住想看视频中的内容。而且这则短视频的内容是和我们的日常生活息息相关的，是平时会遇到的事情，所以，发布之后得到了不少视频号用户的评论和支持。

图5-24　警告型标题

选用警告型标题，主要是为了提升视频号用户的关注度，大范围地传播短视频。因为警告的方式往往更加醒目，触及视频号用户的利益，如果这样做可能会让你的利益受损，那么可能本来不想看的那些视频号用户，也会选择观看短视频，因为涉及自身利益的事情都是用户最关心的。

5.2.9　营造紧张气氛

很多人或多或少都会有一点拖延症，总是需要在他人的催促下才愿意动手做一件事。富有急迫感的标题就有一种类似于催促受众赶快查看短视频的意味在里面，它能够给视频号用户传递一种紧迫感。

使用急迫型标题时，往往会让用户产生现在就会错过什么的感觉，从而立马查看短视频。那么，这类标题具体应该如何打造呢？笔者将其相关技巧总结为3点，如图5-25所示。

图5-25　打造急迫型标题的技巧

急迫型标题，是促使受众行动起来的最佳手段，而且也是切合受众利益的一种标题打造方型。图5-26所示为急迫型标题的典型案例。

图5-26　急迫型标题案例

5.2.10　表达自身想法

观点型标题，是以表达观点为核心的一种标题撰写形式，一般会在标题上精准到某个人，并且把人名镶嵌在标题之中。值得注意的一点是，这种类型的标题还会在人名的后面紧接其对某件事的观点或看法。一般来说，主要是引用其他人所表达的观点。

观点型标题比较常见，而且可使用的范围比较广泛。这类观点型标题写起来是比较简单的，基本上都是"人物+观点"的形式。观点型标题的好处在于一目了然，往往能在第一时间引起受众的注意，特别是当人物的名气比较大时，从而更好地提升短视频的点击率。这里笔者总结了4种观点型标题常用的公式，供大家参考，如图5-27所示。

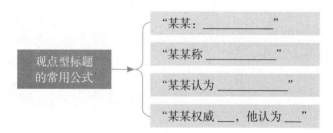

图5-27 观点型标题的常用公式

当然，公式是一个比较刻板的东西，在实际的标题撰写过程中，不可能完全按照公式来做，只能说它可以为我们提供大致的方向。那么，在具体的观点型标题撰写时，有哪些经验技巧可以借鉴呢？笔者将其总结为如图5-28所示。

图5-28 观点型标题的撰写技巧

5.2.11 分享独有资源

独家型标题，也就是从标题上体现视频号运营者所提供的信息是独有的珍贵资源，值得用户点击和转发的感觉。

从视频号用户的心理方面而言，独家型标题所代表的内容一般会给人一种自己率先获知、别人没有的感觉，因而在心理上更容易获得满足。在这种情况下，好为人师和想要炫耀的心理就会驱使受众自然而然地去转发短视频，成为短视频潜在的传播源和发散地。

独家型标题会给受众带来独一无二的荣誉感，同时还会使得短视频内容更具有吸引力。那么，在撰写这样的标题时，应该怎么做呢？在这里，笔者想提供3点技巧，帮助大家成功打造出夺人眼球的独家型标题，如图5-29所示。

图5-29 打造独家型标题的技巧

使用独家型标题的好处在于可以吸引更多的受众，让视频号用户觉得短视频内容比较珍贵，从而主动宣传和推广，达到广泛传播的效果。图5-30所示为独家型标题的典型案例。

图5-30　独家型标题的案例

独家型的标题往往了暗示着视频内容的珍贵性，因此运营者需要注意，如果标题使用的是带有独家性质的形式，就必须保证短视频的内容也是独一无二的。独家型的标题如果没有独家内容，会给用户造成不好的印象，从而影响后续短视频的点击量。

5.2.12　呈现具体数值

数字型标题是指在标题中呈现出具体的数字，通过数字的形式来概括相关的主题内容。数字不同于一般的文字，它会带给视频号用户比较深刻的印象，很好地吸引用户。在标题中采用数字型标题有不少好处，具体体现在3个方面，如图5-31所示。

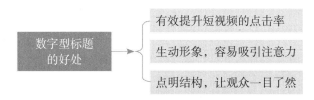

图5-31　数字型标题的好处

数字型标题很容易打造，因为它是一种概括性的标题，只要做到3点就可以撰写出来，如图5-32所示。

图5-32　撰写数字型标题的技巧

此外，数字型标题还包括很多不同的类型，如时间、年龄等，具体来说可以分为3种，如图5-33所示。

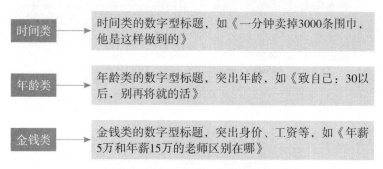

图5-33　数字型标题的类型

数字型标题比较常见，它通常会采用悬殊的对比、层层的递进等方式呈现，目的是营造一个比较新奇的情景，对受众产生视觉上和心理上的冲击。

5.3　文案内容编写的要点

文案写手是专业的文字工作者，需要一定的文字水平。要想更高效率、高质量地完成文案任务，除了掌握写作技巧之外，还需要学会玩转文字，让表达更合微信视频号用户的口味。本节将从6个方面来阐释如何让文案内容更加吸引微信视频号用户。

5.3.1　语义通俗易懂

文字要通俗易懂，能够做到雅俗共赏。这既是文案文字的基本要求，也是在文案创作的逻辑处理过程中，写手必须了解的思维技巧之一。

从本质上而言，通俗易懂并不是要将文案中的内容省略掉，而是通过文字组合展示要表达的内容，让微信视频号的其他用户在看到文案之后，便心领神会。那些用户看不太懂或者需要花一定时间思考的微信视频号的视频文案，则会让该条视频损失一部分流量。

图5-34所示为某微信视频号发布的一个关于南北方人喝可乐区别的短视频，文案标题通俗易懂，让用户一看就知道这个短视频要讲什么内容，不需要用户再去深度琢磨文案的意思，在很大程度上节省了用户的时间成本，对内容有兴趣的用户自然不会错过。

图5-34　通俗易懂的文案文字

★ 专 家 提 醒 ★

从通俗易懂的角度出发，我们追求的主要是文字所带来的实际效果，而非文学上的知名度。那么，如何让文字起到更好的实际效果呢？视频号运营者不妨从以下2个方面进行考虑。

（1）是否适合视频的内容。

（2）是否适合视频的目标受众。

5.3.2　删除多余内容

成功的文案往往表现统一，失败的文案则有众多原因。在可避免的问题中，文字的多余累赘则是失败的主因，其导致的结果主要包括内容毫无意义、文字说服力弱和问题模棱两可等。解决多余文字最为直接的方法就是将其删除，这也是强调与突出关键字句最为直接的方法。

图5-35所示为两个视频号的文案。虽然两个视频讲的内容大不相同，但是它们有一个共同点，就是视频的文案文字精简，没有多余的内容。

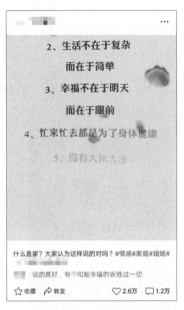

图5-35　删除多余内容的文案

删除多余的内容对于各种短视频文案来说其实是一种非常聪明的做法。一方面，将多余的内容删除之后，重点内容更加突出，视频号用户能够快速把握运营者要传达的意图；另一方面，将多余的内容删除之后，内容将变得更加简练，同样的内容能够用更短的时间进行传达，视频号用户不容易产生反感情绪。

5.3.3　结合应用场景

文案主题是整个文案的生命线，作为一名文案人员，其主要职责就是设计和突出主题，使其与内容相互呼应。所以，文案人员在写文案时，应以内容为中心，用简短的文案突出重点内容，加强文案与视频内容的关联，这样用户就愿意花时间看完整个视频。

如图5-36所示，该微信视频号发布的短视频中的文案是"穿裙子必备发型"，运营者分享如何做发型，简单的步骤和清晰的讲解吸引了不少粉丝。该账号运营者直接将方案主题与应用场景结合，两者相得益彰，让用户一看就能明白。

图5-36 结合应用场景的文案

需要注意的是，运营者要想突出文案的中心内容，还要提前对相关的受众群体进行定位。除了醒目的重心内容之外，文案中的重点信息也必须在一开始就传递给受众，但是因为写手能力的不同，文案产生的效果也会有所差异。

优秀的文案应该是简洁，突出重点，适合内容、适合媒介、适合目标群体的，形式上不花哨，更不啰嗦。

5.3.4 思路清晰顺畅

在视频号文案的创作中，常用的思路主要有归纳、演绎、因果、比较、总分和递进等，其中应用最为广泛的主要是归纳、演绎和递进3种。这3种写作思路都遵循循序渐进的基本要求，其相关分析如下：

（1）归纳思路。归纳思路是指从具体的前提过渡到一般性结论的文字表达过程，这样得到的结论在内容上会比之前的有一定的深入差别。

（2）演绎思路。演绎思路是指用逻辑的规则，从一些假设的命题导出另一命题的过程，是从一般性的前提过渡到具体结论的推理思路。

（3）递进思路。递进思路是指认识事物或事理层层递进、逐步深入的一种思维方式，有助于深刻展现文案内容的本质。

例如，某视频号发布了一条关于防身术的短视频，视频中就利用文案理清了整个短视频的思路。从每一种技法开始讲解，然后到动作分解，告诉用户如果遇见不法分子该如何保护自己，这样写文案视频就显得比较有条理，用户也更容易理解，如图5-37所示。

图5-37 主题清晰的文案

5.3.5 适当控制长度

控制字数，主要是将整体内容的字数稳定在一个可以接受的范围内，这是首要的作用。除此之外，就是创造一定的韵律感，这种方式在广告类的文案中比较常见。

控制段落字数有突出文字内容的作用，在长篇的文案中采用较多，主要是起到强调的作用，让整篇文案显得长短有致，这同样考验文案写手的能力。

用一句话作为单独的文案，突出展现内容是文案写作的常用技巧。一句话的模式能够突出内容，也能够使呆板的文案形式变得生动，好的一句话文案能让平平无奇的视频内容变得精彩。而且如果突然出现一句话成为单个段落，观众的注意力就会集中过来，如图5-38所示。

图5-38　一句话文案展示

5.3.6　少用专业术语

专业术语是指特定领域和行业中，对一些特定事物的统一称谓。在现实生活中，专业术语十分常见，如在家电维修业中将集成电路称为IC（Integrated Circuit）；将添加编辑文件称为加编等。

专业术语的实用性往往不一，但是从文案写作的技巧出发，往往需要将专业术语用更简洁的方式替代。专业术语的通用性比较强，但是文案中往往不太需要。相关的数据研究也显示专业术语并不适合给大众阅读，尤其是在快节奏化的生活中，节省阅读者的时间和精力，提供良好的阅读体验才是至关重要的。

减少术语的使用量并不是不使用专业术语，而是控制使用量，并且适当对专业术语进行解读，使专业内容变得通俗化。

第6章
搜索优化：提升账号和内容排名

视频号的搜索入口是一个非常重要的分享和引流入口，而做好视频号的搜索入口就需要做好短视频关键词的排名优化。因此，运营者要想在微信视频号领域有所作为，就需要通过关键词的搜索优化，全面占领微信的庞大流量。

6.1　做好搜索关键词的研究

在视频号搜索中，关键词对搜索结果有着极为重要的影响，关键词是表达主题内容的重要部分。一般来说，用户搜索都是直接输入关键词进行需求搜索，因此，运营者想要在视频号搜索这个流量入口上引流，首先就要让别人能搜索到自己的内容，那么，运营者第一步就需要研究关键词。

6.1.1　如何理解关键词

运营者要想更全面地深入视频号搜索的世界里，必须依靠"关键词"。"关键词"可以决定视频号发布的内容是否成功，只要关键词放置得当，就能为企业或个人创造出一定的营销收益。

一个优秀的视频号运营者，需要比较好的写作基础和视频制作能力，以及敏锐的产品与消费者观察力，这样才能完整地把握视频号中应该拥有的关键词。关键词一般为产品、服务、企业、网站等，可以有一个，也可以有多个。一般来说，视频号搜索中关键词类别分别有以下 3 种。

1. 核心关键词

核心关键词，指的就是用最简短的一个词语来概括视频的最主要内容，这一词语往往也是用户搜索量最高的词语。例如，某视频号是一个搜索引擎优化（Search Engine Optimization，SEO）服务型的平台，那么该视频号的核心关键词就是"SEO、网站优化、搜索引擎优化"等。

此外，核心关键词也可以是产品、企业、网站、服务、行业等一些名称或是这个名称的一些属性、特色的词汇，如 ×× 减肥茶、×× 公司、×× 网、×× 摄影师等。那么，应该如何选择核心关键词呢？具体分析如下。

（1）与视频号紧密相关。这是视频号短视频内容核心关键词选择中最基本的要求，如果做服装销售的，关键词取的是电脑器材，那肯定不行，核心关键词与整个视频号的主题内容是息息相关的。核心关键词要与视频号紧密相关，具体表现在 3 个方面：第一，要让搜索者明白视频号是做什么的，也就是要与视频号的领域有关联；第二，要让搜索者了解视频号能够提供什么服务，也就是要表现视频号的功能；第三，要让搜索者知道视频号能为其解决什么问题，也就是要突出视频号的价值和特色。

（2）符合用户的搜索习惯。视频号运营者做微信视频号的目的除了把它作为分享生活的窗口外，最终还是希望能变现，那么这就需要运营者为自己的受众服务。既然这样，那么关键词的设置也要考虑到用户的搜索情况。

所以，在选择关键词时，视频号运营者可以列出几个核心的关键词，然后换一下角色，思考当自己是用户的时候会怎么搜索，从而保证核心关键词的设置更加接近真实的用户搜索习惯。

（3）有竞争性的热词。很多之所以词容易被搜索到，其原因之一就是由于有竞争，只有被大家搜索多的词才是最有价值的词。但是这样的词一般都比较热，而与其相对的是冷门的关键词，虽然排名好做，却没人去搜索，这是为什么呢？

在此，就不得不提及关键词的竞争程度了，运营者可从搜索次数、竞争对手的数量、竞价推广数量和竞价价格这4个方面进行分析。

2. 辅助关键词

辅助关键词又称为相关关键词或扩展关键词，主要是对视频号内容中核心关键词进行补充和辅助，与核心关键词相比，辅助关键词的数量更多，更丰富，更能够说明视频号运营者的意图，对视频有优化作用。

辅助关键词的形式有很多种，可以是具体的某个词汇，也可以是短语、网络用语、流行词，只要能为视频号引流吸粉，都可以称为辅助关键词。

例如，某视频号发布的短视频内容的核心关键词是"摄影"，那么"手机""摄影""相机""短视频"等都是非常好的辅助关键词。在视频号中，运营者可以通过对核心关键词进行相应增删，得到辅助关键词，如核心关键词"摄影"与"手机"组合后，就产生一个新的辅助关键词——"手机摄影"，如图6-1所示。

在视频号的搜索结果展示中，辅助关键词可以有效增加核心关键词的词频，提高视频号被检索

图6-1 "摄影""手机"组成新的辅助关键词

的概率，从而增加视频号流量。具体来说，辅助关键词具有3个方面的作用，即补充说明核心关键词、控制核心关键词密度和提高视频号检索的概率。

3. 长尾关键词

长尾关键词通常是对辅助关键词的拓展，是用以概括视频内容的一句短语，而这一短语往往被运营者写成一句简短的广告。例如，一家 SEO 服务型的视频号的长尾关键词就是"哪家 SEO 服务公司好；平台 SEO 服优化找谁"等。

长尾关键词的特征是比较长，往往由 2 ~ 3 个词组成，甚至是短语，除了视频号的标题，还存在于短视频文案内容中。视频号大部分的搜索流量来自长尾关键词。一般来讲，长尾关键词的拓展方式有以下几种。

1）流量统计工具

虽然视频号暂时没有自己的流量统计工具，但可以通过其他平台的流量统计数据，来预测视频号搜索热词。

例如，抖音、快手等短视频平台可以通过飞瓜数据平台统计各平台自己的用户浏览的流量，分析出用户的搜索行为，即用户在抖音、快手等短视频平台上的搜索热词和热门话题。图 6-2 所示为飞瓜数据的页面截图。这样，视频号运营者就能知道当前热门信息，然后才能使拓展出的关键词具有价值。

图 6-2 飞瓜数据的页面截图

视频号暂时还没有统计流量的工具，可以先借鉴抖音、快手等其他短视频平台的用户搜索数据，判断视频号关键词的拓展方向。

2）问答平台及社区

问答平台是网友用来解决问题的直接渠道之一，如百度知道、搜搜问问、天涯问答等，问答平台上虽然充斥着大量的推广和广告问答，但也有大量真实用户的问答。

另外，在问答平台中回复网友问题的人，大多数是专家或问题的相关领域工作者。因此，平台中会出现大量具有专业性或口语化的长尾关键词，运营者如果能掌握这部分词汇，拓展长尾关键词的难度会减小很多。

3）站长工具及软件

目前，站长工具像站长之家、爱站网、站长帮手都有类似的关键词拓展查询，并会给出关键词的搜索量及优化难度，能使运营者拓展出具有一定价值和流量的关键词，并引以为己用。

4）搜索引擎的工具

百度竞价的后台就是一种可以用来拓展长尾关键词的搜索引擎工具，还有谷歌的网站管理员工具和百度的凤巢竞价后台，都是非常好的查询关键词的工具，而且在搜索的次数和拓展词量上也比较真实可靠。

5）拆分组合

拆分组合是很常见的一种拓展方式，它主要是将视频号目标关键词进行分析拆分，然后组合在一起，使其变成一个新的关键词，可以产生大批量的关键词。虽然与之前的几种方法相比，拆分组合的关键词在性价比上没有那么高，但是可以全方位地进行拓展，将关键词都覆盖住，因此，它是一种全面撒网式拓展方法。

6）其他方法

除了以上方法外，运营者还可以抓取竞争对手或同行视频号中好的长尾词，进行分析和筛选，存入关键词库。或者利用一些风云榜、排行榜的数据，截取中心词来拓展长尾词。

6.1.2 关键词存在的价值

什么是有价值的目标关键词？简单来说，就是有人搜索的目标关键词才有价值，因此，运营者要发掘有价值的目标关键词，避免没价值的目标关键词，如图6-3所示。

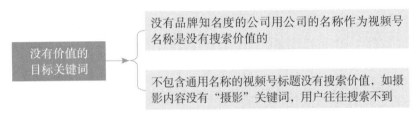

图 6-3　没有价值的目标关键词的分析

6.1.3　关键词流量转化

为什么要研究关键词，抢占视频号搜索流量入口？运营者要清楚自己的目标并不是单纯地为了流量去引流，而是要为了流量转化去引流。下面笔者以视频号"Adel 配音"为例进行分析介绍。

视频号"Adel 配音"在发布的每条短视频下面都添加了"搞笑配音""搞笑""配音"等关键词，用户很容易就能通过这几个关键词检索到"Adel 配音"这一微信视频号。所以，该视频号获得了不少用户的关注。图 6-4 所示为视频号"Adel 配音"的视频号内容页面截图。

图 6-4　"Adel 配音"视频号内容页面截图

有了数量众多的粉丝作为基础，视频号之后在进行引流、会员、变现活动时就能更加顺利，能够有效转化成流量，具体分析如图 6-5 所示。

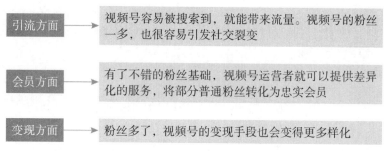

图 6-5 关键词吸引粉丝带来的好处

6.1.4 关键词细化服务

关键词对于搜索排名至关重要，因此，运营者在选择关键词时，需要通过分析对关键词进行具化，从而细化服务，让选择的关键词更好地满足目标受众的需求。对此，运营者需要重点做好 4 个方面的工作，具体如下：

1. 行业状况分析

运营一个视频号之前需要去了解该视频号所在行业的视频号数量及排名情况，确定关键词也是一样的。例如，企业的视频号是旅游美景类的账号，那么，在视频号搜索时就要以"美景"这个主关键词去了解行业的关键词状况，如图 6-6 所示。

图 6-6 在视频号搜索"美景"

2. 分析竞争关键词

视频号运营者集合行业关键词主要是为了能够找到适合自己视频号的关键词，能够增加视频号的粉丝。但是关键词也具有竞争性，运营者想要在行业中脱颖而出，应先分析关键词的竞争性，具体可以从以下方面入手。

· 关键词相关性。

· 关键词搜索量。

· 关键词商业价值。

一般来说，选择性的关键词，即二级关键词，与主关键词相比，它的竞争力要小一些，在关键词的搜索量上也相差不大，但是发展时间较长，若运营者的时间允许，可以先从二级关键词进行推广引流。

例如，用户直接用"餐厅"这个主关键词搜索，能够搜索到与餐厅有关的所有内容，如图 6-7 所示。而用户使用"餐厅装修"二级关键词，就只能搜索到关于餐厅装修的内容，如图 6-8 所示。

图 6-7 视频号搜索"餐厅"　　　　图 6-8 视频号搜索"餐厅装修"

3. 预计关键词价值

预计关键词搜索的流量和价值一般是大公司的关键词研究项目，预计流量对公司视频号的发展很重要，一般会有专门的团队负责进行分析和总结。下面笔者从如下两方面进行介绍：

（1）确定目标关键词的排名。运营者根据在百度指数或其他分析关键词的工具上的关键词竞争指数，分析预计视频号用此类关键词的排名，再根据得到的实际情况进行关键词的再次分析，以便下次更好地进行排名预计。

（2）预计关键词流量和效果。确定了关键词的排名后，需要根据已有的搜索次数、点击率、预计排名、搜索结果页来预计关键词流量和效果，如图6-9所示。

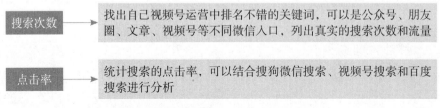

图6-9　预计关键词流量和效果的分析方向

4. 预计关键词流量的价值

运营者预计流量是为了实现盈利，因此，预计关键词流量的价值也是公司预计中的一个项目。得出预计流量后，运营者结合转化率、平均销量和平均每单的盈利这3项数据就可计算出其流量价值。

6.1.5　增加搜索成功的概率

搜索信息与被搜索视频号内容的匹配度是搜索成功的关键，只有搜索信息与目标视频号内容产生一定的匹配关系，目标视频号内容才可能被搜索系统检索到。图6-10所示为搜索流程。

图6-10　搜索流程

由此可见，搜索信息与被搜索视频号内容的匹配度直接影响着搜索结果，因此，为了让视频号内容能被搜索者正确地找到，运营者十分有必要了解匹配度的相关知识。一般影响视频号内容的搜索结果的匹配因素有3个，分别是时间匹配度、类别匹配度和信息匹配度，下面将进行具体说明。

1. 时间匹配度

运营者发布的所有内容，在该视频号的账号页面中都可以看到，而且它是按照时间排序的，也就是最新发布的内容在最上面，发布时间越长越往下排，用户可以根据内容发布的时间来查找相关视频，如图 6-11 所示。

媒体对于一些重大的社会时事的报道往往会附上日期，这也成为某些想要了解与之相关的社会时事的用户在微信视频号中搜索相关内容的一个办法，他们会通过时间来搜索该社会时事的视频号内容，以了解更多关于这一社会时事方面的内容。

图 6-11　视频号内容根据发布时间排列

在视频号发布的内容中，经常能看到时间信息。搜索者以时间为标准，搜索视频号内容时，就可以匹配到与其所搜索时间相关的视频号内容。

2. 类别匹配度

分类搜索是一种被广泛运用的搜索技巧，早期互联网上的搜索就是通过将网站进行分类，方便互联网用户根据自身需求进行匹配，查找目标网站。对于没有明确目标的搜索者，也能通过分类搜索确定一个大致的查找方向。视频号有不同的类型，如财经类、情感类、教育类、干货类等。

如果根据视频号发布的内容类型去对视频号进行笼统的分类也不太合适，因为如今的视频号内容生产者都在向多元化的方向发展，除了发自己账号垂直领域的内容，还会发布很多其他方面的内容。这时视频号运营者就可以将自己发布的内容进行简单的分类，方便其他的视频号用户根据自身需求匹配内容。

3. 信息匹配度

信息的匹配度是影响视频号内容搜索结果的重要因素，大多数搜索者都是根据内容的信息进行搜索的，这些用于搜索的信息主要有两种，一是视频号的标题，二是视频号内容，下面分别进行介绍。

1）视频号标题的匹配度

视频号标题是短视频内容的浓缩，应该体现视频内容的中心。但在互联网文化的影响下，出现了一些以搞怪、搞笑为主题的视频内容，这些短视频的标题与视频内容并不相符，其视频号标题很可能还是对视频内容的歪曲和夸张。

这类标题没有切实反映视频内容，显然不能满足视频号内容搜索的匹配度，所以，不是搞笑、搞怪类的视频号内容最好不要采用这种做法。

虽然这类夸张奇异的标题一时能吸引视频号搜索者的眼球，但是有些标题并不符合视频号的实际内容，这也很容易引起观众的反感，不利于视频号的长期运营。所以，标题必须符合视频号发布的内容。

2）视频号内容匹配度

不只视频号标题，视频内容也有主题跑偏、不符实际的情况，在视频号中最常见的就是各类广告营销视频。对于这类广告营销视频，多数搜索者是十分反感的，毕竟花费了时间精力去搜索，得到的却是与目标无关的东西。

对于这类情况，运营者可以从标题和内容出发来增加视频搜索匹配度，一是在标题中添加"推广""好物"等标签，提醒搜索者这是广告；二是将广告推荐产品融入内容主题中，让搜索者在看到广告的同时也能获得搜索目标，这样搜索者就不会太反感出现的广告。

6.1.6　主动思索新的关键词

当视频号运营者定下视频号内容主题的时候，运营者很难再想到与主题相关的其他关键词，思路很容易被已有的关键词或常用的关键词限制住，但是观看短视频的用户的思维没有被限制，用户会根据不同时刻的需求想到各种各样的关键词，然后在视频号上进行搜索。

这时，运营者就需要具备能够发现用户搜索关键词的技能，这样才能尽可能地吸引更多的视频号用户的关注，提加视频号的浏览量。那么，如何才能具备这样的发现技能呢？运营者应从发现新的关键词入手，下面以图解的形式进行介绍，如图 6-12 所示。

图 6-12　如何发掘新的关键词

6.2　提升视频内容的曝光率

对于商家企业类微信视频号来说，没有质量、没有效率的曝光率自然得不到订单，如果商家认为产品的品牌影响力还没有达到深入人心的地步，那么，可以从产品关键词的设置上入手，通过合理的关键词设置来获得曝光率。本节将介绍 5 种设置关键词的技巧，帮助相关运营者提升视频内容的曝光率。

6.2.1　从用户角度思考

短视频营销的优势是能够消除人与人之间的距离感，运营者想知道用户如何搜索，就必须从用户的角度去思考、选词，积累用户的搜索习惯。

1. 搜索习惯

用户无论是在网站上搜索，还是在视频号上搜索，搜索的习惯始终不会改变。用户搜索习惯是指用户在搜索自己所需要的信息时，所使用的关键词形式，对于不同类型的产品，不同的用户会有不同的思考和搜索习惯。这时，运营者就应该优先选择那些符合大部分用户搜索习惯的关键词形式。

一般来说，用户在进行搜索时，输入不同的关键词会出现不同的搜索结果。对于同样的内容，如果用户的搜索习惯和视频号所要表达的关键词形式存在差异，那么页面的相关性会大大降低，甚至会被排除在搜索结果之外，因为大部分用户在寻找 A 页面，而你提供的却是 B 页面。

因此，运营者在进行关键词设置时，可以通过统计用户在寻找同类产品时所使用的关键字形式，分析用户的搜索习惯，不过这样的关键字只适合同类产品。因为视频号暂时还没有推荐搜索功能，所以，为了方便大家理解，下面以微信的"搜一搜"为例来介绍用户的所搜习惯。

以摄影为例，可以在微信"搜一搜"的搜索栏中搜索"摄影"，搜索栏下方会显示出"摄影技巧""摄影大赛""摄影艺术欣赏""摄影比赛"和"摄影师"这5个结果，如图6-13所示。

图 6-13　微信搜索"摄影"

由图6-13可以看出，搜索量大的结果会靠前显示，比较符合用户的搜索习惯，如"摄影技巧"。用户的搜索习惯并不会因为平台不同而有大的变化，所以，用户在"搜一搜"的搜索习惯同样适用于在视频号上的搜索。

2. 浏览习惯

一般来说，在视频号上搜索视频内容时，大多数用户都是在用眼睛扫描搜索结果，而在扫描过程中，通常只会注意到自己感兴趣的内容，将主要精力集中在对自己有用的内容或者自己喜欢的内容上。

3. 阅读习惯

人们的阅读习惯已经从传统的纸张转向互联网，又从互联网延伸到了移动互联网，尤其是手机 App 的应用和发展，移动端成为人们阅读的首选。

随着 5G 时代的到来，人们已经从以文章为载体的长内容阅读时代，进入以视频为载体的短内容阅读时代。在无所事事的时候，相较于需要花费很长时间去阅读公众号文章，他们更愿意刷短视频。

6.2.2　向对手学习经验

常言道："知己知彼，百战不殆。"在设置关键词时，建议运营者深入了解竞争对手的视频号，摸清竞争对手视频号的关键词及布局情况，这样不仅能找到优化漏洞，还能掌握目前关键词的竞争热度，以便进行关键词优化部署，具体方法如下：

（1）运营者在视频号中搜索与自己产品相关的关键词，重点查看和摘录在搜索中排名靠前的关键词，然后进行对比分析。

（2）运营者到网站上查询与搜索结果显示出来的排名靠前的公司信息，或者搜索这些公司的公众号或视频号，然后分析他们的网站目录描述或公众号功能介绍及视频号简介，查看核心关键词或辅助关键词，统计出竞争者名单。

（3）运营者分析视频号上的用户信息，将用户购买的产品信息中出现的关键词统计出来，可将关键词的重要程度进行分类汇总，找出用户关注的重点关键词，从而进行更为精准的布局。

6.2.3　以故事形式引入

用故事做引导这种类型的短视频推广必须由高手来制作，不然很容易偏题，过分注重故事的讲述，反而会忽略视频关键词的诱导。

好的故事应该紧紧围绕关键字本身来撰写，也就是为了这个关键字特别定做的一个故事。而且，运营者脑海里时时刻刻都要有关键字的概念，任何一句话，或者包袱的铺垫最后都要归结到关键字上。

6.2.4　用娱乐做关键词

谈论娱乐新闻是人们生活中不可缺少的娱乐方式，一般娱乐新闻类视频号也最容易吸引广大的视频号用户。如果视频号运营者想通过娱乐新闻来选择关键词，需要注意娱乐新闻的方向和内容，过于负面的明星娱乐新闻会引起明星粉丝的不满，不利于视频号的持续发展，还有就是不要传播明星谣言，要实事求是。

对于明星效应笔者有自己不同的看法，与其介绍现有的明星还不如制造属于自己视频号的明星。现在十分火热的明星，很多是网友捧起来的。所以，运营者可以利用当时的网络热点，发布与之相关的微信视频号短视频，然后借机设置关键字炒作，引起网友热议，以此达到一鸣惊人的宣传效果。

6.2.5　心得体会中插入

很多微信视频号运营者都会在视频号上发一些心得体会来吸引用户，即伪体验或伪感受，主要是利用人们的同感来寻找彼此心灵上的融合点，与观众分享自己的各种心得体会，通过大多数人都有的、共同性比较强的感受，引起用户点赞并关注视频号。

例如，很多"90后"现在都比较关注娱乐新闻。他们在看一部电视剧、电影或节目时都会有自己的看法和心得，随即很自然地引出这些心得体会的来源，顺理成章地插入关键词。

让微信视频号用户在刷内容时，在有一样的体验和感受的前提下，再很自然地过渡到对应的关键字上。将这样的诱导技术称为顺理成章型技术，其营销效果非常好。

6.3　积极发挥关键词的作用

从视频号的搜索来说，设置恰当的短视频关键词可以有效提升视频热度，而运营者如果想要利用短视频的关键词来提高视频号的搜索排名，可以从优化关键词、预测关键词、用热点带动搜索量和用话题提升搜索机会这4个指定搜索内容的方向来进行关键词优化，发挥关键词对微信视频号短视频的带动作用，本节将对其进行详细介绍。

6.3.1　8个技巧优化关键词

视频号搜索的排名优化主要是对视频号内容及视频号名称的排名做优化，优化的方法有很多，下面介绍几种有效的优化排名方法，具体如下：

· 视频号标题关键词出现次数多余一个。

· 自然地出现关键词，不能刻意为之。

· 标题的第一句出现关键词。

· 在视频号发布内容的封面加入关键词。

- 在视频号标题中带入话题，并把关键词加入话题中。
- 别人原创的视频号内容，忌直接转载。
- 在视频号的评论中加入关键词引导。
- 内容围绕关键词展开，与视频号发布内容的主题有关。

6.3.2　两个妙招预测关键词

许多关键词都会随着时间的变化而具有不稳定的升降趋势，运营者学会关键词的预测相当重要，下面从两个方面介绍如何预测关键词。

1. 预测季节性关键词

关键词的季节性波动比较稳定，主要体现在季节和节日两个方面，如服装产品的季节性关键词会包含四季名称，即春装、夏装等。季节性关键词预测是比较容易的，运营者可以从 4 个方面进行预测，如图 6-14 所示。

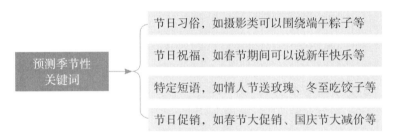

图 6-14　预测季节性关键词的 4 个方面

2. 预测社会热点关键词

社会热点新闻是人们关注的重点，当社会新闻出现后，会出现一大波新的关键词，搜索量高的关键词就是热点关键词。

因此，视频号运营者不仅要关注社会新闻，还要预测社会热点，抢占最有力的时间，预测出社会热点关键词。下面介绍一些预测热点关键词的方向，给大家提供一些参考，如图 6-15 所示。

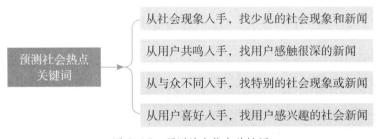

图 6-15　预测社会热点关键词

6.3.3　用热点带动搜索量

热门与热点不同，热门是表示关键词已经出来，本身具有高的搜索量，主要在于关键词的选择，不需要运营者预测。运营者可以从如下几个方面进行分析，选择当下热门的关键词：

- 社会热点现象、新闻。
- 即将播出的影视剧。
- 近期的体育动态。
- 当红或走红的明星。
- 生活小窍门、小技巧。
- 原创的、引人深思的内容。
- 点击量高的微信文章。
- 点赞量高的抖音、快手等平台的短视频。
- 身边人都在关注的事情。
- 微信热点内的新闻。

6.3.4　用话题提升搜索机会

视频号用户在视频号搜索中使用关键词搜索时，通常话题中带有关键词的也会显示出来，当我们在微信视频号中搜索相关关键词时，显示的视频动态都是带此关键词的，用绿色字体、"#"分隔显示。例如，搜索"动漫""配音"这样的关键词，显示的动态都与之相关，如图 6-16 所示。

视频号搜索的关键词搜索匹配度与视频号带入话题的匹配度非常高，运营者在话题中通过使用关键词的方法达到了优化目的。因此，运营者在发布视频号内容时，可以采用话题连接关键词的方法提高排名。

图 6-16　视频号搜索结果界面

第7章
引流推广：轻松汇聚百万级流量

每个视频号运营新手都想成长为运营高手，甚至是通过账号的运营，变身网红达人。而一个人从默默无闻到变成达人，其中一个关键因素就是通过引流推广，快速积累粉丝，提高自身的影响力。

7.1 视频号站内引流

各大视频平台都为用户提供了一些引流功能，运营者可以充分利用这些功能进行引流推广。本节介绍7种视频平台站内引流的技巧。

7.1.1 视频引流

对有视频制作能力的运营者来说，原创视频引流是一种不错的选择。运营者可以把制作好的原创视频发布到微信视频号平台，同时在账号资料部分进行引流，如在昵称、个人简介等处都可以留下联系方式。

注意，不要在其中直接标注"微信"两个字，可以用拼音简写、同音字或其他相关符号来代替。图7-1所示为某微信视频号的主页，可以看到该运营者便是通过账号简介为自己的微信视频号引流的。通常来说，运营者的原创短视频的播放量越大，曝光率越大，引流的效果也就越好。

图7-1　通过账号简介为微信视频号引流

7.1.2 直播引流

直播对于运营者来说意义重大，一方面，运营者可以通过直播销售商品，获得收益；另一方面，直播也是一种有效的引流方式。运营者可以借助微信视频号进行直播，只要用户在直播的过程中点击"关注"按钮，便会自动成为账号的粉丝。

如图7-2所示，在微信视频号的直播过程中，用户只需要点击界面左上方账号名称和头像所在的位置，便会跳转至运营者的视频号主页。用户可在视频号主页选择关注或者与之互动。

除此之外，用户点击直播界面的右上角，可以选择关闭直播界面或者跳转至"更多"界面。在这一界面中，用户可以分享直播间至微信朋友圈或好友，如果视频号的直播间存在违规情况，用户也可以通过这一界面对之进行投诉举报。

图7-2　通过直播吸引用户关注账号

7.1.3　评论引流

许多用户在看视频号短视频时，会习惯性地查看评论区的内容。如果用户觉得视频内容比较有趣，还可以通过@他人的账号，吸引其他用户前来观看该视频。因此，如果运营者的评论区利用得当，可以起到不错的引流效果。

视频文案中能够呈现的内容相对有限，这就有可能出现一种情况，那就是有的内容需要进行一些补充。此时，运营者便可以通过评论区的自我评论来进一步进行表达。另外，在微信号短视频刚发布时，可能看到视频的用户不是很多，也不会有太多用户评论。如果此时运营者在评论区进行自我评论，在一定程度上也能起到提高短视频热度的作用。

除了自我评价补充信息之外，运营者还可以通过回复评论解决用户的疑问，引导用户的情绪，从而提高产品的销量。

回复评论看似是一件再简单不过的事，实则不然。为什么这么说？这主要是因为在回复评论时还有一些需要注意的事项，具体如下。

1. 第一时间回复评论

运营者应该尽可能在第一时间回复用户的评论，这主要有两个方面的好处。一是快速回复用户，这样能够让用户感觉到你对他很重视，这样能增加用户对运营者的好感；二是回复评论能够从一定程度上增加视频号短视频的热度，让更多用户看到运营者的视频。

那么，如何做到第一时间回复评论呢？其中一种比较有效的方法就是在微信号短视频发布的一段时间内，及时查看用户的评论。一旦发现出现了新的评论，便在第一时间进行回复。

2. 不要重复回复评论

对于相似的问题，或者同一个问题，运营者不要重复进行回复，这主要有两个原因。一是很多用户的评论中或多或少会有一些营销的痕迹，如果重复回复，那么用户在整个评价界面便会看到很多有广告痕迹的内容，而这些内容往往会引起用户反感。

二是相似的问题、点赞相对较高的问题会排到评论的靠前位置，运营者只需选择点赞较高的问题进行回复，其他有相似问题的用户自然就能看到。而且这还能减少回复评论的工作量，节省大量的时间。

3. 注意规避敏感词汇

对于一些敏感的问题和敏感的词汇，运营者在回复评论时一定要进行规避。当然，如果遇到避无可避的场面也可以采取迂回战术，例如，不对敏感问题做出正面回答、用一些其他意思相近的词汇、用拼音缩写代替或者使用谐音词汇代替敏感词汇。

7.1.4 转发引流

微信视频号平台中有分享功能，运营者可以借助该功能，将自己发布的视频分享至对应的平台，从而达到引流的目的。那么，如何借助分享功能引流呢？接下来，笔者就对其具体的操作步骤进行说明。

步骤 01 登录微信账号，进入视频号的页面，选择自己想要分享的短视频，点击"转发"按钮，如图7-3所示。

步骤 02 操作完成后，在弹出的列表框中选择要分享的平台。以分享给微信好友为例，运营者需要做的就是点击列表框中的"转发给朋友"按钮，如图7-4所示。

图7-3　点击"转发"按钮

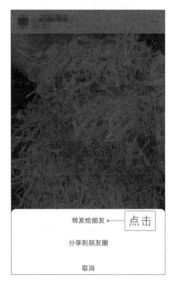

图7-4　点击"转发给朋友"按钮

步骤 03 跳转进入微信聊天页面，选择需要转发的好友，如图7-5所示。

步骤 04 在弹出的"发送给"界面中点击"发送"按钮，即可将想要分享的视频号短视频分享给好友，如图7-6所示。

图7-5　选择需要转发的好友

图7-6　点击"发送"按钮

步骤 05 操作完成后，用户即可返回微信视频号的视频播放界面，查看运营者分享的短视频，而运营者则借此获得了流量。

7.1.5 互推引流

互推就是互相推广的意思。大多数微信号短视频账号通过运营都会获得一些粉丝，只是对于许多运营者来说，粉丝量可能并不是很多。此时，运营者便可以通过与其他视频号进行互推，让更多用户看到你的账号，从而提高账号的传播范围，让账号获得更多的流量。

在微信视频号平台中，互推的方法有很多，其中比较直接有效的一种互推方式就是在视频文案中互相@，让用户看到相关视频之后，就能直接看到互推的账号。对于运营者来说，这是一种双赢的账号引流方法。借助互推，运营者可以将对方的一部分粉丝直接转化成自己的粉丝。

图7-7所示为两个运营者发布的视频，可以看到这两条视频中就是通过使用@功能来进行互推的。再加上这两个账号的运营者同属于一家公司，且和其他同公司的运营账号在各自发布的短视频下面也在使用@功能互推，因此，这两个账号之间具有很强的信任度，互推的频率也可以进行把握。所以，这两个账号的互推通常能获得不错的效果。

图7-7 账号互推

7.1.6 添加话题

用户通常会对自己关注的话题比较感兴趣，针对这一点，运营者在生产和发布内容时可以借助添加话题功能，在内容中添加用户感兴趣的话题，从而引起用户的热烈讨论，让内容获得更多的流量。那么，如何在发布的内容中添加话题呢？下面就以微信视频号为例，讲解具体的操作步骤。

步骤 01 在微信视频号中上传或拍摄视频或图片，进入内容发布界面，点击界面中的"#话题"按钮，如图7-8所示。

步骤 02 操作完成后，内容发布界面的文字输入栏中将出现一个"#"标志，如图7-9所示。

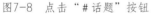

图7-8　点击"#话题"按钮　　　　　图7-9　出现"#"标志

步骤 03 在"#"后面输入话题的名称，如"手机延时摄影"，也可以再次点击"#话题"按钮，输入第二个话题"摄影"，点击界面上方的"发表"按钮，如图7-10所示。

步骤 04 操作完成后，微信视频号内容发布成功，如果该内容的文字说明中出现了话题就说明话题添加成功了，如图7-11所示。

对于微信视频号运营者来说，添加话题的操作是比较简单的。但是，要想让更多微信视频号用户参与到话题中，还需要想办法让添加的话题吸引更多微信视频号用户的兴趣。

对此，微信视频号运营者可以选择添加当前的热门话题，或者在一个微信视频号内容中添加多个热门话题，从而让用户在搜索某一或者多个话题的时候，都能看到运营者发布的短视频。

图7-10　点击"发表"按钮　　　　　图7-11　话题添加成功

7.1.7　插入链接

微信公众号是许多自媒体运营者发布图文内容的一个重要平台，而微信视频号则是发布视频和图文信息的一个平台。所以，为了将微信视频号打通微信公众号，微信视频号平台中提供了"扩展链接"功能，让微信视频号运营者可以在发布的内容中插入微信公众号的文章链接。

那么，如何运营者要如何在微信视频号中插入微信公众号的文章链接呢？具体操作步骤如下：

步骤 01　进入微信公众号平台，找到需要插入链接的文章，❶点击文章界面上方的●●●按钮；操作完成后，界面中会弹出一个列表框。❷点击列表框中的"复制链接"按钮，如图7-12所示。

步骤 02　在微信视频号中选择上传或拍摄视频或图片，进入内容发布界面。可以看到，此时界面的下方会显示链接信息。选择界面中的"扩展链接"选项，如图7-13所示。

步骤 03　操作完成后，进入"扩展链接"列表框，轻触列表框下方的链接信息，❶将链接粘贴至列表框中的链接输入栏中；❷点击上方的"添加"按钮，将链接添加至视频下面，如图7-14所示。

图 7-12 点击"复制链接"按钮　　图 7-13 选择"扩展链接"选项

步骤 04 操作完成后，返回内容发布界面，如果界面中出现了微信公众号文章的名称，就说明链接添加成功了。链接添加成功后，点击上方的"发表"按钮，如图7-15所示。

图7-14 进入"扩展链接"列表框　　图7-15 点击"发表"按钮

步骤 05 操作完成后，微信视频号内容发布成功，如果该内容的文字说明下方出现了微信公众号的文章链接，就说明微信视频号内容中的扩展链接设置成功了，如图7-16所示。

步骤 06 链接设置成功之后，微信视频号用户在看到发布的微信视频号内容之后，只需点击扩展链接，便可进入微信公众号，查看对应的微信公众号文章，如图7-17所示。

图7-16 扩展链接设置成功

图7-17 点击链接查看微信公众号文章

7.2 站外平台引流

运营者可以借助站外平台进行引流，实现短视频的广泛传播，并获取更多目标用户。本节就来重点介绍运营者需要重点把握的8大站外引流平台。

7.2.1 微信引流

微信平台引流主要是借助微信这个社交软件，将视频号的相关信息告知微信好友，从而实现引流。具体来说，微信引流可以从3个方面进行，一是微信聊天引流；二是微信公众号引流；三是微信朋友圈引流。

1. 微信聊天引流

微信聊天是微信的一个重要板块，许多人甚至直接将其作为了日常生活和工作中的一个主要沟通工具。运营者可以运用微信聊天功能进行引流，利用微信视频号平台的"发送给朋友""收藏"和"推荐给朋友"等功能，将视频内容发送给微信好友和微信群成员，从而提高视频内容的覆盖面。

2. 微信公众号引流

微信公众号从某一方面来说就是一个个人、企业等主体进行信息发布，并通过运营来提升知名度和品牌形象的平台。运营者如果要选择一个用户基数大的平台来推广微信视频号内容，且希望通过长期的内容积累来构建自己的品牌，那么微信公众平台无疑是一个理想的传播平台。

在微信公众号上，运营者可以通过文章和视频对账号的相关信息进行介绍，从而将微信公众号的粉丝转化为微信视频号账号的粉丝。

3. 微信朋友圈引流

对于运营者来说，虽然朋友圈单次传播的范围较小，但是从对接收者的影响程度来看，它却具有其他一些平台无法比拟的优势，具体如下：

（1）用户黏性强，很多人每天都会去翻阅朋友圈。

（2）朋友圈好友间的关联性、互动性强，可信度高。

（3）朋友圈用户多，覆盖面广，二次传播范围大。

（4）朋友圈内转发和分享方便，易于视频内容传播。

那么，运营者在朋友圈中进行账号的短视频推广时，应该注意什么呢？在笔者看来，有3个方面是需要重点关注的，具体分析如下：

（1）运营者在拍摄视频时要注意开始拍摄时画面的美观性。因为推送给朋友的视频，是不能自主设置封面的，所以，它显示的就是开始拍摄时的画面。当然，运营者也可以通过视频剪辑保证推送视频"封面"的美观度。

（2）运营者在推广视频时要做好文字描述。因为在看朋友圈中的视频时，微信好友第一眼看到的就是视频的"封面"和视频上方的文字描述，而视频"封面"能够传递的信息又是比较有限的。因此，许多运营者都会通过文字描述将重要的信息呈现出来，一来有助于让受众了解视频内容，二来可以吸引用户点击查看视频。

（3）在通过视频推广商品时，运营者要利用好朋友圈的评论功能。如果视频上方的文字描述过长，是会被折叠起来的。因此，为了完整展示信息，运营者可以将重要信息放在评论中进行展示，让浏览朋友圈的人快速明白该条朋友圈的重点信息。

7.2.2　QQ引流

腾讯QQ有两大引流利器，一是QQ群；二是QQ空间。接下来分别进行说明。

1. QQ群引流

无论是微信群，还是QQ群，如果没有设置"消息免打扰"，群内任何人发布信息，其他人都是会收到提示信息的。因此，与朋友圈和微信订阅号不同，通过微信群和QQ群推广微信视频号账号，可以让推广信息直达受众，这样一来受众关注账号和播放视频的可能性也就更大了。

微信群和QQ群内的用户都是基于一定目标、兴趣而聚集在一起的，因此如果运营者推广的是具有一定专业性的视频内容，那么微信群和QQ群无疑是非常好的推广平台。

另外，相对于微信群需要推荐才能加群而言，QQ明显更易于添加和推广。目前，QQ群分出了许多热门分类，运营者可以通过查找同类群的方式加入进去，然后通过视频进行推广。QQ群推广的方法主要包括QQ群相册、QQ群公告、QQ群论坛、QQ群共享、QQ群动态和QQ群话题等。

以利用QQ群话题来推广视频为例，运营者可以通过相应人群感兴趣的话题来引导QQ群用户的注意力。如在摄影群中，运营者可以先提出一个摄影人士普遍感觉比较有难度的摄影场景，引导大家评论，然后适时分享一个能解决这一摄影问题的视频。这样，有兴趣的用户一定不会错过你的视频。

2. QQ空间引流

QQ空间是运营者可以充分利用起来的一个好地方。运营者需要先建立一个昵称与微信视频号账号名称相同的QQ号，这样更有利于积攒人气，吸引更多用户前来关注账号和观看视频。下面介绍7种常见的QQ空间推广方法，具体如下。

（1）QQ空间链接推广：利用"小视频"功能在QQ空间发布视频，QQ好友看到后可以点击查看。

（2）QQ认证空间推广：订阅与产品相关的人气认证空间，更新动态时可以通过评论为视频账号引流。

（3）QQ空间生日栏推广：通过"好友生日"栏提醒好友，引导好友查看你的动态信息，并在动态信息中对微信视频号账号进行推广。

（4）QQ空间日志推广：在日志中放入视频账号的相关资料，更好地吸引用户的关注。

（5）QQ空间说说推广：QQ签名同步更新至说说上，用一句有吸引力的话激起受众的关注。

（6）QQ空间相册推广：很多人加QQ都会查看相册，所以，在相册中呈现视频账号的相关信息也是一个很好的引流方法。

（7）QQ空间分享推广：利用分享功能分享微信视频号账号的相关信息，好友点击标题即可查看视频内容。

7.2.3　微博引流

在微博平台上，运营者可以借助微博的两大功能来实现其推广目标，即"@"功能和热门话题功能。

在进行微博推广的过程中，"@"这个功能非常重要。运营者可以在博文中"@"知名人士、媒体或企业，如果他们回复了你的内容，你就能借助他们的粉丝扩大自身的影响力。若明星在博文下方评论，则博文会受到很多粉丝及微博用户关注，那么微信视频号上发布的视频就会被推广出去。

微博"热门话题"是一个制造热点信息的地方，也是聚集网民数量比较多的地方。运营者要利用好这些话题，发表自己的看法和感想，提高博文的阅读量，从而更好地推广自己的账号和视频。

7.2.4　百度引流

作为中国网民经常使用的搜索引擎之一，百度毫无悬念成为互联网PC端强劲的流量入口，从百度引流往往能为微信视频号带来巨大影响力，这一影响力对运营者的运营有所裨益。借助百度推广引流主要可从百度百科和百度知道这两个平台切入。

1.百度百科

百科词条是百度百科营销的主要载体，做好百科词条的编辑对运营者来说至关重要。百科平台的词条信息有多种分类，但对于运营者引流推广而言，主要的词条形式包括4种，具体如下：

（1）行业百科。运营者可以以行业领头人的姿态，参与到行业词条信息的编辑，为想要了解行业信息的用户提供相关行业知识。

（2）企业百科。运营者所在企业的品牌形象可以通过百科进行表述，许多汽车品牌在这方面就做得十分成功。

（3）特色百科。特色百科涉及的领域十分广阔，例如，名人可以参与自己相关词条的编辑。

（4）产品百科。产品百科是消费者了解产品信息的重要渠道，能够起到宣传产品，甚至是促进产品使用和产生消费行为等作用。

对于运营者，特别是对于企业号引流推广而言，相对比较合适的词条形式无疑便是企业百科。例如，运营者采用企业百科的形式，多次展示企业名称和企业视频号名称，从而提高该企业与其运营的视频号的曝光率。

2. 百度知道

百度知道在网络营销方面，具有很好的信息传播和推广作用，利用百度知道平台，通过问答的社交形式，可以对运营者快速、精准地定位客户提供很大的帮助。百度知道在营销推广上具有两大优势：精准度和可信度高。这两种优势能形成口碑效应，增强网络营销推广的效果。

通过百度知道来询问或作答的用户，通常对问题涉及的东西有很大兴趣。例如，有的用户想要了解"有哪些饮料比较好喝"，部分饮料爱好者可能就会推荐自己喜欢的饮料，提问方通常也会接受推荐并去试用。

百度知道是网络营销的重要方式，因为它的推广效果相对较好，能为企业带来直接流量。基于百度知道而产生的问答营销，是一种新型的互联网互动营销方式，问答营销既能为运营者植入软性广告，同时也能通过问答来挖掘潜在用户。

例如，运营者可以通过"自问自答"（一个账号提问，另一个账号回答问题）的方式，介绍微信视频号账号的相关信息，让用户在看到问答之后对运营者的账号产生兴趣，从而让账号获得更多的流量。

7.2.5　抖音引流

抖音作为一个用户众多的社交类视频平台，吸引了许多运营者的入驻。也正是因为如此，运营者如果想通过微信视频号进行引流，抖音是一个不容错过的平台。通过抖音平台引流的方法很简单，运营者只需要在抖音上发布带有微信视频号账号信息的原创视频，便可以达到宣传、推广和引流的作用。图7-18所示为运营者在抖音平台上发布的短视频及其在微信视频号上的主页面，通过这一方法，运营者可以很好地进行引流。

图7-18　抖音引流

7.2.6　视频平台引流

视频相比文字图片而言，在表达上更为直观，随着移动互联网技术的发展，手机流等因素的阻碍越来越少，视频成为时下热门的领域，借助这股东风，爱奇艺、优酷、腾讯视频、搜狐视频等视频网站获得了飞速发展。

随着各种视频平台的兴起与发展，视频营销也随之兴起，并成为广大企业进行网络社交营销常采用的一种方法。运营者可以借助视频营销，近距离接触目标群体，将这些目标群体开发为自己的客户。

视频背后庞大的观看群体，对网络营销而言就是潜在用户群，而如何将这些视频平台的用户转化为店铺或品牌的粉丝，才是视频营销的关键。对于运营者来说，比较简单、有效的视频引流方式便是在视频网站上传与品牌和产品相关的视频。

下面就以爱奇艺为例进行说明。爱奇艺是一个以"悦享品质"为理念的，创立于2010年的视频网站。在短视频发展如火如荼之际，爱奇艺也推出了信息流短视频产品和短视频业务，加入了短视频发展领域。

一方面，在爱奇艺App的众多频道中，有些频道就是以短视频为主导的，如大家喜欢的资讯、热点和搞笑等。另一方面，它专门推出了爱奇艺纳逗App。这是一款基于个性化推荐的，以打造有趣和好玩资讯为主的视频应用。

当然，在社交属性、娱乐属性和资讯属性等方面各有优势的视频，爱奇艺选择了它的发展方向——娱乐性。无论是从爱奇艺App的搞笑、热点频道，还是从爱奇艺纳逗App中推荐的以好玩、有趣为主格调的视频内容，都能充分体现出来。

对于运营者来说，正是因为爱奇艺在某些频道上的视频业务偏向和于视频App开发，让他们找到了借助视频进行推广的平台和渠道。同时，爱奇艺有着庞大的用户群体和关注度，因而如果以它为平台进行视频运营推广，通常可以获得不错的效果。

7.2.7 音频平台引流

音频内容的传播适用范围更为多样，跑步、开车甚至工作等多种场景，都能在悠闲时收听音频节目，相比视频，音频更能满足人们的碎片化需求。对于运营者来说，利用音频平台来宣传电商平台和微信视频号账号，是很好的营销思路。

音频营销是一种新兴的营销方式，它主要以音频为内容的传播载体，通过音频节目运营品牌、推广产品。随着移动互联的发展，以音频节目为主的网络电台迎来了新机遇，与之对应的音频营销也进一步发展。

音频营销的特点具体如下：

（1）闭屏特点。闭屏的特点能让信息更有效地传递给用户，这对品牌、产品推广营销而言更有价值。

（2）伴随特点。相比视频、文字等载体而言，音频具有独特的伴随属性，它不需要视觉上的精力，只需双耳在闲暇时收听即可。

下面就以蜻蜓FM为例进行说明。在蜻蜓FM平台上，用户可以直接通过搜索栏寻找自己喜欢的音频节目。对此，运营者只需根据自身内容，选择热门关键词作为标题便可将内容传播给目标用户，并在音频的开头对微信视频号账号进行简单的介绍。如图7-19所示，笔者在"蜻蜓FM"平台搜索"视频运营"后，便出现了多个与之相关的内容。运营者如果在音频中介绍了自己的账号，而音频内容又比较有价值，用户可能就会去关注你的微信视频号账号，达到引流的效果。

图7-19　"蜻蜓FM"中"视频运营"的搜索结果

运营者应该充分利用用户的碎片化需求，通过音频平台来发布产品信息广告。音频广告的营销效果相比其他形式广告要好，向听众群体的广告投放更为精准。而且，音频广告的运营成本也比较低廉，十分适合本地中小企业长期推广。

例如，做餐饮的微信视频号运营者，可以与"美食"相关的音频节目组合作。因为这些节目通常有大批关注美食的用户收听，广告的精准度和效果会非常的好。

7.2.8　线下平台引流

除了线上的各大平台，线下平台也是微信视频号引流不可忽略的渠道。目前，从线下平台为视频号引流主要有3种方式，下面分别进行解读。

1. 线下拍摄引流

对于拥有实体店的运营者来说，线下拍摄是一种比较简单有效的引流方式。通常来说，线下拍摄可分为两种，一种是运营者及相关人员自行进行拍摄；另一种是邀请进店的消费者拍摄。

运营者及相关人员自行拍摄视频时，能够引发路过的人员的好奇心，为店铺引流。视频上传之后，如果用户对你的内容比较感兴趣，也会选择关注你的账号。

而邀请进店的消费者拍摄，则可以直接增加店铺的宣传渠道。让更多用户看到你的店铺及相关信息，从而达到为店铺和账号引流的目的。

155

2. 线下转发引流

单纯邀请消费者拍摄中视的效果不是很明显，此时运营者还可以采取另一种策略。那就是在线下的实体店进行转发有优惠的活动，让消费者将拍摄好的视频转发至微信群、QQ群和朋友圈等社交平台，提高店铺和账号的知名度。

当然，为了提高消费者转发的积极性，运营者可以根据消费者发布的内容的转发数量，以及转发后的点赞数等给出不同的优惠力度。这样，消费者为了获得更大的优惠力度，自然会更卖力地进行转发，转发的实际效果也会越好。

3. 线下扫码引流

除了线下拍摄和线下转发之外，还有一种直接增加账号粉丝数量的方法，那就是通过线下扫码，让进店的消费者或路人成为你的粉丝。当然，在扫码之前，还需有码可扫。那么，如何找到并向他人展示账号二维码呢？下面就以微信视频号为例对具体的步骤进行说明。

步骤01 进入微信视频号，单击个人主页界面中的"…"按钮，如图7-20所示。

步骤02 进入"设置"界面，点击界面中的"我的名片"按钮，如图7-21所示。

图7-20　单击相应的按钮

图7-21　点击"我的名片"按钮

步骤03 跳转进入微信视频号二维码展示页面，如图7-22所示。运营者可以在该页面中看到自己账号的二维码，也可以通过将该二维码展示给用户的方式，实现账号的引流。

另外，运营者还可以点击微信视频号二维码展示页面中的 ··· 按钮，操作完成后界面中会弹出一个列表框。点击列表框中的"保存到相册"按钮，可以将微信视频号二维码保存到手机中；也可以点击"推荐给朋友"按钮，将微信视频号二维码发送给微信好友或微信群成员，如图7-23所示。

图7-22　微信视频号二维码展示页面　　　图7-23　"推荐给朋友"或"保存到相册"

第8章

视频变现：实现年赚百万的梦想

大部分运营者运营微信视频号的目的，都是为了将自己的流量变现，那么视频号该如何实现流量变现呢？本章介绍视频号变现的各种方式，帮助大家能够轻松实现"小目标"。

8.1　销售产品变现

对于视频号运营者来说，运营视频号的目的，除了想要分享自己的生活和观点外，还希望通过运营视频号来获取利益，也就是希望视频号能变现。

视频号最直观、有效的盈利方式当属销售商品或服务变现。借助视频号平台销售产品或服务，只要有销量，就有收入。具体来说，用产品或服务变现主要有如下7种形式。

8.1.1　经营自家店铺

视频号是一个人人可以创作、人人可以分享美好生活的平台，但是随着短视频变现的成熟，以及抖音、快手等短视频平台变现模式的成功，视频号在变现方面也被寄予厚望，其商业价值也一直被外界看好。

对于拥有淘宝、京东等平台店铺的视频号运营者来说，通过自营店铺直接卖货无疑是一种十分便利、有效的变现方式。视频号运营者可以通过短视频介绍自己的店铺，全方位地向观众展示自己店铺的产品，引起视频号用户的兴趣，进行下单，从而为自家店铺开辟线上销售的道路。

一般来说，运营者的微信视频号主页下面通常会带有一个"商店"按钮，用户可以通过点击该按钮跳转至运营者的线上商店，并在其中选择购买自己需要的商品，如图8-1所示。

图8-1　点击"商店"按钮

还有一种销售产品的方式，那就是运营者可以在视频号下方插入介绍产品并附有购买链接的公众号文章，如图8-2所示。视频号用户点击链接就会跳转到该篇公众号文章，其中一般会有产品详细的介绍和购买的链接或者购买方式，点击购买链接就可以进行购买。如果怕用户不懂操作，运营者也可以在评论中补充说明。

图 8-2　点击视频链接购买产品

如果没有自己的公众号，可以直接在评论处告知用户购买方式。商品销售出去之后，视频号运营者便可以直接获得收益。有的视频号运营者则会在自己的视频号账号的简介或者名称处留下自己的联系方式，这种直接留下联系方式的行为笔者持保留意见，因为这样做视频号被封号的可能性比较大。

8.1.2　卖实物产品变现

卖实物产品是指通过微信视频号渠道来出售各种商品，并从中实现变现。微信视频号商品的销售是直接面对消费者的，因此省去了很多中间环节，产品不需要复杂的流通过程。

微信视频号销售主要通过短视频来发布产品信息，买家看中商品后，可以进入运营者的店铺或者点击购买链接进行购买，然后商品通过快递送到他们手中。如果是同城交易，那么快递过程都可以直接省略，运营者还可以选择亲自送货上门。

微信视频号的主要用户群体包括以下两类：

（1）个人视频号：主要通过微信视频号短视频来出售各种实物产品，商品主要包括化妆品、服装、母婴用品、保健品、图书等。

（2）企业视频号：主要通过微信视频号和公众号来推送紧扣消费者需求的行业和品牌内容，同时以促销、试用等方式推广企业产品，吸引潜在的目标消费人群。

个人运营者借用的微信视频号平台拥有去中心化和去流量化的特点。

· 零成本开店，门槛低，没有经营压力。

· 平台有完善的交易机制，买卖更方便。

· 平台有消费者保障制度，信任度更强。

· 商品更加多元化，满足消费者的需求。

另外，企业视频号运营者更多地依赖公众号的运营，在操作难度上要比个人运营者更高。企业视频号运营者不仅需要做内容引流，还需要做产品的营销推广。通过微信卖实物产品变现，可以让运营者不再以电商平台为中心，抛弃以往那种通过简单粗暴的付费流量来获得销量，转而通过微信这个强大的社交渠道直接联系到客户，从而带来销量。此外，运营者还需要更加重视产品的口碑相传，在买家的社交圈子中（微信朋友圈、微博等）形成广泛的二次传播，吸引更多的客户。

8.1.3　卖培训产品变现

培训产品通常是一种虚拟的知识或技能产品，微信视频号运营者通过卖这种培训产品变现，不仅不需要实物产品，也不用去招代理，只需要掌握一门专业技能，然后入驻一些微课平台，将自己的技能转化为图文、音频或者视频等课程内容，然后转发到微信视频号平台，吸引有学习需求的用户下单即可。

在移动互联网时代，人们的生活节奏变得越来越快，消费者的行为习惯也发生了翻天覆地的变化，他们需要有效利用大量的碎片化时间来获取优质信息，因此，基于移动互联网和智能手机的课程培训产品更加符合他们的消费习惯。培训产品本质上是一种精神产品，需求层次明显高于其他产品。同时，培训产品的主要消费群体都是一些支付能力较强的人群，而且他们对于高质量课程产品的需求非常强烈。

然而，市场上的免费课程产品水平良莠不齐，质量没有保障，因此，消费者会通过付费来获得更加优质的培训内容。当然，运营者要开发培训产品，首先自己必须在某一领域比较有实力和影响力，这样才能确保教给付费者的东西是有价值的。

如今，通过卖培训产品变现的平台非常多，同时具有丰富的内容发布渠道，运营者可以将自己的课程产品转发至微信好友、视频号、朋友圈、社群等渠道，简化培训产品变现的过程，缩短内容生产者的盈利周期，提升利润率。

视频号运营者卖培训产品这种个人变现模式的基本解决方案如下：

（1）知识变现：包括付费音频、付费视频、付费图文、付费专栏、付费问答和付费咨询等多种内容形式，运营者可以自由编辑内容，直接同步覆盖微信小程序等学习渠道。同时，运营者可以自由组合单品售卖、系列专栏和付费会员等多种变现模式，满足用户的长期或短期课程培训的场景需求。

（2）分销代理：运营者可以招募一些微信好友作为分销者或代理者，让他们协助推广自己的培训产品，好友成功推广后，获得相应分销利润，实现裂变吸粉，让变现更轻松。

8.1.4 卖生活服务变现

很多运营者通过微信视频号向自己的粉丝售卖各种服务，来达到私域流量变现的目的。这种变现方式与内容电商的区别在于，服务电商出售的是各种服务，而不是实体商品，如搭车、住酒店、买机票等。

卖生活服务这种变现方式适合一些传统的O2O（Online To Offline，在线离线/线上到线下）类型的商家，在自己的业务范围或技能领域下，可以通过微信为周边的用户提供一些生活上的帮助或服务。

建议运营者通过微信"视频号+公众号+小程序"的方式，向用户提供一些有偿服务。例如，"携程旅行网"就是一个典型的旅游类服务电商平台，可以为用户提供各种旅行车票、酒店预订服务，其微信视频号内容页面中通过精美的短视频展现景区美景和旅游攻略等信息，用户可以直接点击视频下方的链接跳转到公众号页面，获取更多详细资讯；如果对这一景点感兴趣，用户还可以点击公众号页面最下方的链接，跳转至携程旅行网的小程序界面，在这里获取车次和票务信息，从而在这一界面购票和预订酒店，如图8-3所示。

图8-3　"携程旅行网"提供的相关服务

8.1.5　卖好的项目变现

卖好的项目这种变现模式，主要是通过研发、包装各种各样的项目，然后通过微信中的人脉资源出售这些项目来赚钱，让设计项目和实施项目的双方各取所需。

这种变现方式适合那些操盘了很多项目，但因个人原因没有赚到钱的人，或者个别失败的项目。运营者可以将这些项目出售给那些拥有更多项目资源的人，让"专业的人做专业的事"，不仅自己能够获得收益，而且可以帮助别人进行创业。

卖项目变现最常见的方式就是招商加盟和社交众筹。运营者可以通过微信视频号这一平台来发布自己的项目加盟信息，适合餐饮连锁、汽车养护、家居建材、美容健身、酒店KTV、首饰加工等行业。

社交众筹是一种基于社交网络传播进行的筹资项目，作为必不可少的一种项目融资方式，它从一种商业方式逐渐向生活方式和思维方式过渡，成为新常态式的存在。在个人商业模式的变现过程中，社交众筹也变得越来越重要，它为每一个创业者的创业梦提供了更多的资金支持。

当然，这种社交众筹模式同样需要强大的流量支持，没有流量入口，也就没有用户导入，后面的事儿更是无从说起。

社交是人类发展、进步的基础，人类无时不刻在进行社交。随着移动互联网时代的到来，社交的需求也慢慢转移到了手机等移动设备上。对于运营者来说，社交众筹还有一个新渠道，那就是自己的微信号。

在微信进行社交众筹可能听起来不太可行，但由于运营者自身人脉资源的优势，在微信进行众筹活动可能会有意想不到的收获。众筹本身就是一种面向群众进行募集的活动，主要价值在于人，而微信恰巧是人脉力量的一个聚集地。将众筹和微信相结合起来，将为众筹项目释放更大的能量。

8.1.6 卖个人影响力变现

在互联网时代，个人的影响力可以简单理解为用户的关注度，有影响力就说明有人关注你、信任你，因此，影响力也是一种非标品化的商品，也可以成为微信视频号运营者出售的对象。影响力成交就是通过流量交易的方式进行变现，尤其对于微信视频号行业来说，流量是生死存亡的命脉，流量越多，销量才会越多。

自媒体行业变现的本质就是"用人脉换钱"，即利用人脉产生扩散变现，从而挣钱。其中，通过熟人的人脉来进行扩展，信任程度最高，引流成本最低，引流效果最好。人脉可以帮助我们少走弯路，多走捷径，拥有更广阔的机会。

自媒体变现的过程就是打造个人影响力，这仍然是一种"网红"经济体，因此，使用这种商业模式变现的运营者还需要具备如下规划一些基本的特质。

- ·用户持续给予的发自内心的信任感。
- ·过硬的核心技术支撑，作为立身之本。
- ·有价值和内涵的知识产品，形成用户认知。

个人影响力变现的关键在于打造良好的个人形象，链接精准的人际关系资源，增加自己人际关系的黏性，从而让个人价值实现全方位的精准变现。下面总结了提升3个打造个人影响力的技巧，如图8-4所示。只有当运营者的产品、内容和技能可以满足用户的需求，获得他们的认可，他们才有可能为运营者的影响力买单。

影响力变现这种个人商业模式的本质，是以"人"为中心，而不是传统商业的以"货"为中心。因此，运营者在使用影响力变现时，必须以人为核心，做好"人"的经营，通过人与人之间的信任关系，来实现拉新和转化。

当运营者获得了高质量的社交人脉资源，即可更加容易地获得成功和财富。

当你有了足够大的影响力之后，财富就会找上门来，如产品代言、形象代言、商业广告等，这些方式都能够给你快速带来更大的收益。

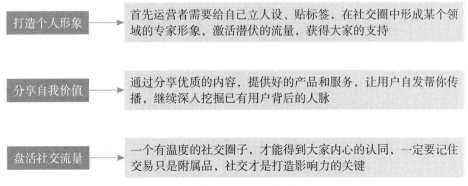

图8-4　打造个人影响力的技巧

8.1.7　出售视频账号变现

在生活中，无论是线上还是线下，都是有转让费存在的。所谓"转让费"，即一个线上商铺的经营者或一个线下商铺的经营者，向下一个经营者转让经营权时所获得的一定的转让的费用。

这一概念随着时代的发展，逐渐有了账号转让的存在。同样，账号转让也是需要接收者向转让者支付一定的费用的，这样，最终使得账号转让成为获利变现的方式之一。

养号卖号这种微信变现方式适合有大量粉丝的垂直领域型微信视频号，在购买时尽量选择与自己所在领域相同、定位和风格一致的账号，这样获得的用户群体也会更加精准。通过直接购买这些"大V"的账号，他们的流量就变成自己的了。

★ 专家提醒 ★

如今，互联网上关于账号转让的信息非常多，在这些信息中，有意向的账号接收者一定要慎重对待，不能轻信，且一定要到比较正规的网站上来操作，否则很容易上当受骗。

8.2 视频广告变现

广告变现是目前短视频领域最常用的商业变现模式，一般是按照粉丝数量或者浏览量来进行结算，微信视频号的广告形式通常为流量广告或者软广告，将品牌或产品巧妙地植入到短视频中，来获得曝光。

8.2.1 流量广告变现

流量广告是指将短视频流量通过广告手段实现现金收益的一种商业模式。流量广告变现的关键在于流量，而流量的关键就在于引流和提升用户黏性。流量广告变现适合拥有大流量的视频号运营者，这些账号不仅拥有足够多的粉丝关注，而且他们发布的短视频也能够吸引大量观众观看、点赞和转发。

商业广告是很多微信视频号运营者的主要获利途径，运营者通过将自己的私域流量出租给个人、平台或品牌商家，让他们在自己的视频号、公众号、文章或朋友圈中投放广告，并收取一定的"流量租金"收益。

★ 专家提醒 ★

微信广告变现适合有一定粉丝基础的运营者，以及开通了流量主广告的公众号。流量主功能是腾讯为微信公众号量身定做的一个展示推广服务。因而，流量广告主要是指微信公众号管理者将平台中指定位置拿出来给广告主打广告，以收取一定费用的一种推广服务。

微信公众号运营者要开通"流量主"功能，可以进入微信公众号后台，在左侧的导航栏中选择"推广/流量主"选项。执行操作后，进入"流量主"功能界面，单击"申请开通"按钮即可。对于想要通过流量广告进行盈利的商家而言，首先要做的就是把自己的用户关注量提上去，只有把用户关注量提上去了，才能开通流量主功能，进行盈利。

8.2.2 浮窗Logo变现

浮窗Logo也是短视频广告变现形式的一种，即在短视频内容中悬挂品牌标识，这种形式在网络视频或电视节目中经常可以见到。浮窗Logo广告变现适合为品牌定制广告的创作者，以及品牌推广运营机构。

浮窗Logo广告不仅展现时间长，而且不会过多地影响观众的视觉体验。创作者可以通过一些后期短视频处理软件，将品牌Logo嵌入到短视频的角落中，如图8-5所示。

图8-5　在视频中添加水印广告

8.2.3　贴片广告变现

贴片广告是通过展示品牌本身来吸引大众注意的一种比较直观的广告变现方式，一般出现在视频的片头或者片尾，紧贴着视频内容。贴片广告的制作难度比较大，同时还需要媒体主自身有一定的广告资源，适合一些有粉丝的短视频机构媒体。

微信视频号运营者可以入驻一些专业的自媒体广告平台，这些平台会即时推送广告资源，创作者可以根据自己的视频内容选择接单。同时，平台也会根据创作者的行业属性、粉丝属性、地域属性和档期等，为其精准匹配广告。

短视频贴片广告的优势有很多，这也是它比其他的广告形式更容易受到广告主青睐的原因，其具体优势如下：

- 明确到达：想要观看视频内容，贴片广告是必经之路。
- 传递高效：和电视广告相似度高，信息传递更为丰富。
- 互动性强：由于形式生动立体，互动性也更加有力。
- 成本较低：不需要投入过多的经费，播放率也较高。
- 可抗干扰：广告与内容之间不会插播其他无关内容。

8.2.4 品牌广告变现

品牌广告的意思就是以品牌为中心，为品牌和企业量身定做的专属广告。这种广告形式从品牌自身出发，完全是为了表达企业的品牌文化、理念而服务，致力于打造更为自然、生动的广告内容。

短视频品牌广告在内容上更加专业，要求运营者具有一定的剧本策划、导演技能、演员资源、拍摄设备和场景、后期制作等资源，因此，其制作费用相对而言也比较昂贵，适合一些创作能力比较强的短视频团队。

与其他形式的广告方式相比，品牌广告针对性更强，受众的指向性也更加明确。品牌广告的基本合作流程如图8-6所示。

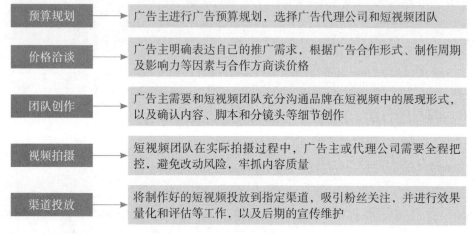

图8-6 品牌广告的基本合作流程

8.2.5 视频广告植入变现

在短视频中植入广告，即把视频内容与广告结合起来，一般有两种形式：一种是硬性植入，即不加任何修饰地生硬地植入视频之中；另一种是创意植入，即将视频的内容、情节很好地与广告的理念融合在一起，不露痕迹，让观众不容易察觉。相比较而言，很多人认为第二种创意植入的方式效果更好，而且用户接受程度更高。

视频广告植入变现，也需要运营者有一定的短视频创作能力。在视频领域，广告植入的方式除了可以从"硬"广和"软"广的角度划分，还可以分为台词植入、剧情植入、场景植入、道具植入、奖品植入及音效植入等植入方式，如图8-7所示。

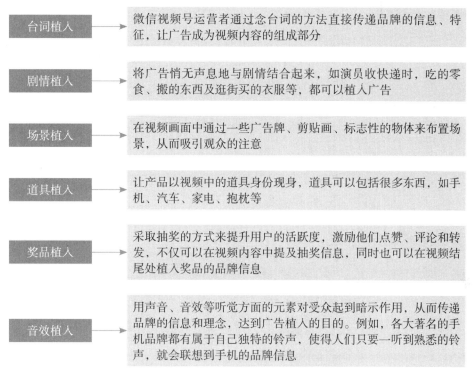

图 8-7　视频品牌广告植入的方式

8.3　其他方式变现

除了销售变现和流量变现之外，视频号运营者还可以通过其他变现方式来提高账号的收益，如直播打赏变现、运营社群变现、线下门店变现和微信创业变现等。

8.3.1　直播打赏变现

打赏这种变现模式是最原始也是最主要的，现在很多直播平台的盈利大多数都是依靠打赏。所谓打赏，就是指观看直播的用户通过金钱或者虚拟货币来表达自己对主播或者直播内容的喜爱的一种方式。这是一种新兴的鼓励付费的模式，用户可以自己决定要不要打赏。

打赏已经成为直播平台和主播的主要收入来源，与微博、微信文章的打赏相比，微信视频直播中的打赏来得更快，用户也比较容易冲动。在看到微博、微信文章时，用户往往要得到感情上的激励或者触动才会进行打赏；在观看直播时，观众被热烈气氛感染，打赏得更加爽快。

打赏与卖会员、VIP等强制性付费模式相比，是一种截然相反的主动性付费模式。给文章打赏，是因为文字引起了用户的情感共鸣；而给主播打赏，有可能只是因为主播讲的一句话，或者主播的一个表情、一个搞笑的行为。相比较而言，视频直播的打赏缺乏一丝理性。同时，这种打赏很大程度上也引导着直播平台和主播的内容发展方向。

图8-8所示为微信视频号直播的打赏页面。与广告、电商等变现方式相比，粉丝付费鼓励用户体验更好，但收益无法控制，不过对于直播界的超级网红来说，这些方式获得的收益通常不会太低，而且可以短时间创造大量的收益。

图8-8　微信视频号直播打赏页面

8.3.2　微信创业变现

微信视频号运营者也可以通过与企业合作，围绕相关的企业业务或产品进行小范围的创业，来实现微信流量的变现。微信小范围创业的变现模式适合那些没有团队和资金的微信视频号运营者，可以帮助运营者在一个固定的小范围区域或者细分垂直领域进行创业。

图8-9所示为一些微信小范围创业的基本变现形式。

采用这种变现方式的前提是自己拥有内容、技能、店铺或产品等资源，或者与其他企业或资源提供方达成合作，在自己的平台上给合作方提供一个链接入口。当你的微信号拥有一定的私域流量和变现能力后，即可形成一个商业闭环，进而发挥出最大的商业价值。

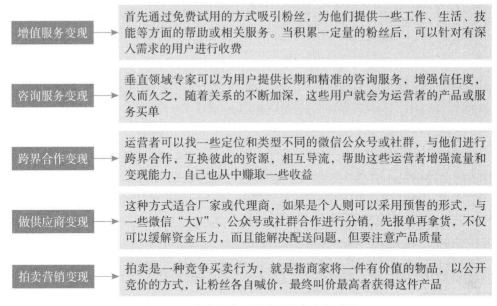

增值服务变现	首先通过免费试用的方式吸引粉丝，为他们提供一些工作、生活、技能等方面的帮助或相关服务。当积累一定量的粉丝后，可以针对有深入需求的用户进行收费
咨询服务变现	垂直领域专家可以为用户提供长期和精准的咨询服务，增强信任度，久而久之，随着关系的不断加深，这些用户就会为运营者的产品或服务买单
跨界合作变现	运营者可以找一些定位和类型不同的微信公众号或社群，与他们进行跨界合作，互换彼此的资源，相互导流，帮助这些运营者增强流量和变现能力，自己也从中赚取一些收益
做供应商变现	这种方式适合厂家或代理商，如果是个人则可以采用预售的形式，与一些微信"大V"、公众号或社群合作进行分销，先报单再拿货，不仅可以缓解资金压力，而且能解决配送问题，但要注意产品质量
拍卖营销变现	拍卖是一种竞争买卖行为，就是指商家将一件有价值的物品，以公开竞价的方式，让粉丝各自喊价，最终叫价最高者获得这件产品

图 8-9 微信小范围创业的基本变现形式

8.3.3 运营社群变现

微信社群经济是指通过微信群来聚集一些有相同爱好和需求的用户，然后通过电商零售、广告推广、会员收费、线下活动、众筹、代理分销、增值服务、内部创业及项目投资等方式来进行变现。

正所谓"物以类聚，人以群分"，社群经济这种变现模式并不仅仅是建群、加人和卖货，而是要让有相同兴趣的人形成强关系，打造一个能够自动运转的"去中心化"生态圈，从而创造更多的商业机会。

在自媒体时代，每一个运营者需要有社群的加持，没有用户基础的运营者注定做不长久。同时，所有的创作型运营者，也都要做好社群管理，通过社群来为用户创造价值，来满足用户需求。

下面介绍几种社群经济常用的变现方式。

1. 社群电商

运营者可以通过自建线上电商平台来提升用户体验，砍掉更多的中间环节，通过社群把产品与消费者直接绑定在一起。社群电商平台主要包括App、小程序、微商城和H5网站等，其中"小程序+H5"是目前的主流形式，可以轻松实现商品、营销、用户、导购和交易等全面数字化。

通过"小程序+H5"打造双线上平台，企业和商户可以在线上商城、门店、收银、物流、营销、会员、数据等核心商业要素上下工夫，构建自身的电商生态，来对接社群的私域流量，打造"去中心化"的社交电商变现模式。

除了自建电商平台外，运营者也可以依靠有影响力、有流量的第三方平台，在其中推出直营网店，或者发展网络分销商来进行私域流量变现。

2. 社群广告

在社群经济时代，一定要记住一个公式："用户=流量=金钱"。与公众号和朋友圈一样，有流量价值的社群也可以用来投放广告，而且效果更加精准，转化率也相当高，同时群主能够通过广告的散布实现快速营收。

社群是精准客户的聚集地，将广告投放到社群宣传效果会更好，群主可以多找一些同类型的商家合作。当然，广告主对于社群也非常挑剔，他们更倾向于流量大、转化高的社群，这些都离不开群主的精心运营。

3. 会员收费

招收付费会员也是社群运营者变现的方法之一，通常来说，付费会员一般要享有一些普通会员不能享有的特权，如下：

- 能够获得优质的、完整的培训课程。
- 能够和运营者进行一对一的交流。
- 能够参加微信群组织的线下活动。
- 能够拥有微信群高级身份标识。

除了以上一些特权之外，付费会员还可以参与群内部的一些项目筹划、运营工作，能够与社群的领头人物成为好朋友，达成长远的合作关系，还能共享各自优质的资源。

4. 社群活动

对于拥有一定数量的粉丝，同时是本地类的社群而言，可以通过线下聚会的活动形式进行盈利。这几种社群活动的变现形式如下：

- 找商家给群活动冠名赞助。
- 与商家合作开展活动，实现盈利。
- 举办收费活动实现盈利，如开展线下培训活动，收取培训费。

8.3.4 线下门店变现

微信视频号用户都是通过微信的视频号来查看线上发布的相关短视频，而对于一些在线上没有店铺却有实体店的运营者来说，要做的就是通过短视频将线上的视频号用户引导至线下，让他们到店打卡。

视频号运营者可以通过POI（Point Of Information，信息点）信息界面，建立与附近粉丝直接沟通的桥梁，向他们推荐商品、优惠券或者店铺活动等，从而有效地为线下门店导流，同时能够提升转化效率。

POI的核心在于用基于地理位置的"兴趣点"来链接用户痛点与企业卖点，从而吸引目标人群。大型的线下品牌企业还可以结合视频号的POI与话题挑战赛来进行组合营销，通过提炼品牌特色，找到用户的"兴趣点"来发布相关的话题，这样可以吸引大量感兴趣的用户参与，同时让线下店铺得到大量曝光，而且精准流量带来的高转化也会为企业带来高收益。

在视频号平台上，只要有人观看你的短视频，就可能会产生触达。POI拉近了企业与用户的距离，在短时间内能够将大量视频号用户引导至线下，方便了品牌进行营销推广和商业变现。而且POI搭配话题功能和视频号天生的引流带货基因，同时也让线下店铺的传播效率和用户到店率得到提升。

所以，如果微信视频号运营者拥有自己的线下店铺，或者与线下企业合作，则建议运营者认证POI，这样大家就可以获得一个专属的唯一地址标签，只要能在高德地图上找到运营者的实体店铺，认证后即可在视频号中直接展示出来。图8-10所示为两家餐饮店发布的短视频，下方有该店铺的地址。

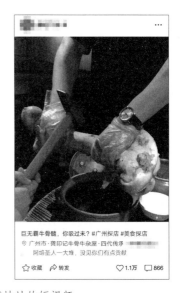

图8-10　餐饮店发布带有店铺地址的短视频

用户在点击视频下方的地址定位之后，跳转进入带有该店铺详细地址信息的页面，在这一界面，用户还可以查看所有带有这个店铺地址定位信息的微信视频号动态，如图8-11所示。

图8-11　详细的地址页面

这样，如果用户觉得位置合适，且对店铺售卖的产品很感兴趣，就可以根据视频号带的地址到实体店打卡了。另外，用户还可以将该页面直接分享给朋友，吸引更多用户查看该短视频。

第9章

直播预热：为带货变现做好准备

要想在微信视频号开直播，运营者首先要做好一些必要的准备

工作，包括直播场地、背景装饰、灯光设备、商品摆放、直播脚本

策划及活动方案策划等，这些都是搭建专业带货直播间的基础。

9.1　做好直播准备

为了保证微信视频号直播的质量，让直播获得更多销量，很有必要做好直播准备。一场视频号直播包含的内容很多，策划的目的就是为视频号直播做好准备，尽可能完善直播的内容准备。

9.1.1　直播场地选择

直播空间主要包括房间面积和直播角度两个部分。

1. 房间面积

直播间的房间面积不宜过小或过大，通常为$20\sim50m^2$，这样不仅能够容纳直播设备和主播，而且可以摆放足够多的商品。

（1）如果房间面积过小，直播间会显得非常杂乱拥挤。

（2）如果房间面积过大，不仅直播间的装修费用更高，而且整个空间会显得太空旷，同时麦克风也容易产生回音，影响用户的观看体验。

2. 直播角度

主播在直播时，主要包括坐姿和站姿两种姿势，不同的姿势可以选择不同的直播角度，如图9-1所示。

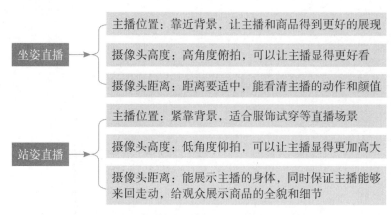

图9-1　坐姿和站姿的直播角度设置方法

9.1.2　直播背景装饰

运营者在选择直播间的墙纸或墙漆等背景装饰物时，需要注意图9-2所示的事项。

选择直播间背景装饰的注意事项	不要选择太刺眼的色彩，否则背景墙面容易反光
	不要选择太花哨的样式，否则容易掩盖商品的风头
	尽量选择简约的背景装饰，这样能够让观众的目光更多地停留在商品上

图9-2　选择直播间背景装饰的注意事项

另外，直播间的背景墙如果是白色的墙壁，则运营者要尽量用墙漆、墙纸或背景布重新装饰一下，来提升直播间的视觉效果。

（1）墙漆或墙纸：尽量选择饱和度较低的纯色墙漆或墙纸，如莫兰迪色系就是非常好的选择，如图9-3所示。另外，运营者也可以在墙纸上印上品牌的Logo或名称，来增强观众对品牌的记忆。

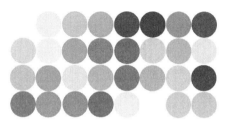

图9-3　莫兰迪色系

（2）背景布：背景布最大的优势是更换比较方便，而且成本也比墙漆或墙纸低，非常适合新手运营者、主播和短视频创作者使用。

★ 专家提醒 ★

运营者可以定制一些背景布，让厂家做成品牌墙或者漂亮的 3D 图案墙等，来增强直播间的创意性，如图 9-4 所示。

图9-4　3D图案墙

9.1.3　直播灯光设置

直播间的布光要求相较拍摄短视频来说要稍低一些，通常只需要一盏顶灯和两盏补光灯即可，这也是最基本的搭配方案。

1. 顶灯

顶灯通常安装在直播间的房顶上，位置最好处于主播的头顶上方2m左右，作为整个直播间的主光源，起到照亮主播、商品和环境的作用。运营者在选择顶灯设备时，可以挑选一些有主灯和多个小灯的套装，这样能够从不同角度照射到主播，让其脸部清晰明亮，同时消除身后的背影，以及确保商品不会产生色差，如图9-5所示。

图9-5　顶灯套装设备

顶灯的功率大小主要根据直播间的面积来选择，如20～30m²的直播间可以选择50W左右的LED吸顶灯套装，不仅更加节能，而且可以更好地控制光线的亮度，美化直播画面。

2. 补光灯

直播间通常会用到两盏补光灯，即LED环形灯和柔光灯箱，两者搭配使用来增强主播和商品的直播效果，如图9-6所示。

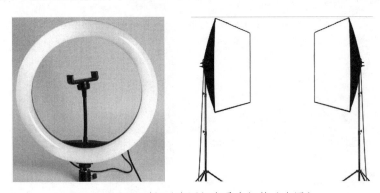

图9-6　LED环形灯（左图）和柔光灯箱（右图）

★专家提醒★

LED 环形灯通常放置在主播的前方，将色温调节为冷色调，能够消除顶灯产生的阴影，更好地展现主播的妆容造型，提升产品的轮廓质感。

柔光灯箱则通常是成对购买的，可以放在主播或商品的两侧，其光线均匀柔和，色彩饱和度更好，层次感更丰富。

9.1.4　商品摆放方式

电商直播离不开商品，通常主播会同时介绍多个商品，而且同一个商品也有很多不同的款式，因此在直播间摆放商品也非常有讲究，运营者需要根据直播的产品和类目来选择合理的摆放方式。

1. 货架摆放

货架摆放是指将商品置于货架上，放在主播身后，比较适合鞋子、化妆品、零食、包包及书籍等小商品，如图9-7所示。

图9-7　货架摆放

使用货架摆放商品时，需要注意图9-8所示的事项。

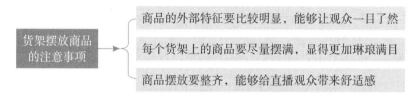

图9-8　货架摆放商品的注意事项

2. 悬挂摆放

悬挂摆放是指用架子将商品悬挂起来，比较适合易于悬挂的商品，如衣服、裤子、雨伞、毛巾等，能够让观众对于商品的整体效果有一个比较直观的了解，如图9-9所示。

图9-9　悬挂摆放

3. 桌面摆放

桌面摆放是指将商品直接摆在桌子上，放在主播的前面，比较适合美食生鲜、美妆护肤及珠宝饰品等类目的商品。当然，不同类目的商品，摆放方式也有所差别。

（1）美食生鲜：可以在桌面上多摆放一些商品，同时主播可以拿出一些食品进行试吃，让直播画面显得更加诱人。

（2）美妆护肤：对于护肤品或化妆品等商品来说，可以按产品系列类进行分类摆放，突出产品的丰富程度。

（3）珠宝饰品：一次不要摆太多商品，尽量摆放得整齐一些，同时可以用包装盒进行收纳衬托。

9.1.5　直播脚本策划

直播的画面非常形象、生动，而且在直播间内不会受到其他同类商品的影响，因此，直播带货的商品转化率比其他内容形式要更高。

本节介绍直播带货的脚本策划技巧，来帮助运营者高效进行直播带货，获得更多的粉丝和收益。

对于一场成功的视频号直播来说，运营者不仅要有好的选品、渠道和主播，最主要的在于好的脚本策划，也就是说运营者在直播间要说一些什么话。直播与短视频一样，都需要策划好的脚本。表9-1所示为一个简洁明了的直播脚本范本。

表9-1 ××店铺×月×日直播脚本范本

直播时间	×年×月×日 晚上×点～×点			
直播主题				
直播准备	（场地、设备、赠品、道具以及商品等）			
时间点	**总流程**	**主 播**	**产品**	**备注**
×点×分	开场预热	跟观众打招呼并进行互动，引导关注	/	/
×点×分	讲解1号产品	讲解产品：时间10分钟 催单：时间5分钟	××产品	/
×点×分	互动游戏或连麦等	互动：主播与助播互动，发动观众参与游戏 连麦：与××直播间××主播连麦	/	拿出准备好的道具
×点×分	秒杀环节	推出秒拼、甩卖及拍卖等直播商品	××产品	/
×点×分	优惠环节	跟观众打招呼，同时与其进行互动，用优惠价格提醒观众下单，并再次引导关注	××产品	/

　　直播脚本包括开场、产品介绍、互动、秒杀及优惠等多个环节，运营者只有保证各个环节的流程滴水不漏，才能有效把控直播的节奏，让直播间更加吸引人。

　　前面介绍直播脚本的基本流程和元素，运营者可以按照这些元素来制定自己店铺的直播脚本，同时尽量保持每周更新的频率，多总结和优化脚本，让下一次直播获得更好的带货效果。表9-2所示为一个单场直播的脚本范本。

表9-2 单场直播的脚本范本

直播日期	2021年8月16日 星期一
直播时间	20:00—21:30
直播时长	1.5小时
直播主题	××产品直播专场，爆款秒杀
直播样品	准备好直播时需展示的样品，款式尽量齐全，满足不同需求的用户
预估目标	达到10%的引导转化率
直播活动	抽奖、赠品及秒拼等
直播预告	抛出直播价值：晚上8点直播，进场前×分抢福利，只有×个名额，主播在直播间等你们了
预热开场	点明直播主题：欢迎来到××直播间，请大家点下关注，谢谢捧场，主播将会每天×点在直播间为您分享××（根据主播或直播间的定位，为粉丝分享实用的技能等）

续表

时间点	直播节奏
1～10分钟	给出粉丝福利，吸引他们及时进入直播间，同时引导粉丝评论或刷屏互动，了解他们的问题和需求。 （1）前3分钟："大家快来抢福利，只有100份，卖完就没有了！" （2）第4分钟："××爆款秒杀优惠，想买的朋友们赶紧下单呀！" （3）第5分钟：第1轮直播抽奖活动。 （4）第6分钟："继续抢福利，抢到就是赚到，秒杀单品数量有限！" （5）第7分钟：第2轮直播抽奖活动。 （6）最后3分钟：继续催单，并开始做下场直播预热。 抢福利话术示例："实体店铺200元，官方旗舰店日常销售价166元，现在直播间只卖99元，错过这次福利，下次还要再等几个月。" 抽奖话术示例："话不多说，先来一波抽奖，麻烦大家添加1号产品到购物车，快速刷起来。"
10～20分钟	当直播间涨到一定流量后，主播可以使用高性价比的引流产品吸引新用户，引导观众关注直播间，提升直播间的搜索权重。 引导加购话术示例："××产品性价比超高啦！名额只有××名，超出不补。亲喜欢的话赶快抢购哦！"
20～70分钟	（1）促单：主播和助播一起与观众互动，稳定直播间人气，不断推出爆款和秒杀款，同时穿插主推款，对产品进行详细的介绍，争取做到利润的最大化。 （2）场控：在直播过程中，数据分析和场控人员可根据直播间的观看人数和产品的UV转化率等数据，来引导主播调整主推款。 互动话术示例："××产品，你们想看蓝色的还是绿色的？" 爆款话术示例："××产品有10元无门槛优惠券哦，直播间下单不仅可以直接使用，还可以和官方活动价叠加哦。喜欢就直接领取，一个账号限领一张。" 秒杀款话术示例："××产品×点可以秒杀。大家刷刷评论，让主播看到你们的热情，你们的热情越高，主播给的秒杀价格就越低哦！" 主推款话术示例："最后3分钟，想要的朋友抓紧时间哦，只有最后50件了，时间到了立马恢复原价。"
70～80分钟	随着直播间人气的逐步下滑，主播可以通过抢现金红包活动，来提升直播间的活跃度，同时将本场直播呼声较高的产品进行返场演绎，再次助推一下
80～90分钟	在本场直播的结尾部分，感谢观众，并预热下场直播的时间、福利和新款产品。 感谢话术示例："感谢大家的关注和陪伴，主播马上就要下播了，希望大家好好休息，明天晚上同一时间我们再聚呀。"

运营者可以用Excel表格来制作直播脚本，把直播间的产品卖点、功能介绍、直播话术、互动玩法、利益点及注意事项等全部写进去，对整场直播进行规划和安排，从而让主播能够把控好直播的节奏。在微信视频号平台上，同款产品非常多，但带货的主播却各不相同，主播要做的就是熟悉自己的产品和用户，并按照直播脚本定期进行直播活动，让更多观众成为你的粉丝。

9.1.6　活动方案策划

当机构和主播确定好直播脚本的方向后，为了使整场直播更好地进行，还需要制定出清晰而明确的活动策划方案。这样便于相关工作人员对活动方案有一个明确的认知，从而更好地判断活动方案的可操作性。在这个部分，运营者需要让所有的参与直播的工作人员清楚地了解活动策划要点、类型，以及产品的卖点和直播间的节奏，从而确保直播的有序进行。

1. 活动策划要点

脚本策划人员在制作脚本的时候，可以根据实际情况，考虑一次制作完一周的直播间脚本策划。这样做便于主播、工作人员进行时间安排，同时也能使一周的直播任务上下衔接清楚。如果临时做脚本策划，很多事情可能没有办法考虑周全。

除此之外，在做直播脚本的时候，可以把活动策划的要点细分到主播在直播间的每个时间段，这样可以让主播更好地把握整场直播的节奏。

2. 活动策划类型

活动策划的类型有以下两种：

1）通用、基础活动

这种活动的力度属于中等程度，常见的活动形式包括新人关注礼物、抢红包、开播福利和下播福利等。

在直播中，不同的时间段有什么通用活动，都需要在脚本中明确好，这样主播才能在直播带货时从容地对用户进行引导，增加用户的停留时间，从而提高直播间的流量和销量。

2）专享活动

这种活动的力度比较大，可以设置成定期活动，如主播固定进行每周一秒杀、周二拍卖等，或其他类型的主题活动。

这种大力度的活动不要求每天都进行，但活动力度一定要大，这样才可以通过话术的引导，快速提高产品的销量。同时，由于这种活动的吸引力度很大，可以促使观众记住这个直播间。图9-10所示为直播间的限时秒杀活动。

图9-10　直播间的限时秒杀活动

3. 产品卖点和直播间的节奏

直播间的商品可以分为爆款、新品、常规款和清仓款这几种类型。主播需要对不同类型的商品进行卖点提炼，同时，要在直播脚本上安排固定的时间段来进行商品推荐和商品讲解步骤。

如果是进行服装类产品的带货，主播需要不断补充相关的服装知识，因为服装流行的款式、风格一直在不断更改、变化。如果主播在开播前没有熟悉直播间流程和商品信息，那么在直播过程中很容易出现冷场，直播的节奏也将变得难以把握。

9.2　做好视觉优化

运营者在微信视频号平台上直播时，还需要对直播间进行一定的视觉优化处理，包括直播封面、直播标题、直播公告、广告素材及主播形象等细节，从而让直播间获得平台的推荐，赢得更多的流量。

9.2.1　设置直播封面

微信视频号直播的封面图通常包括主播人像图和带货商品图两种类型，不同的类型有不同的封面质量标准，下面将进行具体介绍。

1. 主播人像图

对于歌舞娱乐类或者专业技能类的主播来说，可以使用自己的人像图作为直播封面，具有打造个人IP的作用。那么，优质人像封面图的相关标准有哪些？具体如图9-11所示。

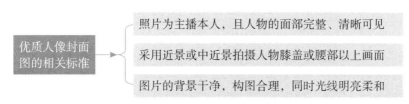

图9-11　优质人像封面图的相关标准

另外，运营者还需要注意避免使用一些低质量的人像封面图，具体如下：

- 不是主播本人的图片，如网络上随便找的人物图。
- 使用未经授权的明星照片。
- 直接用直播间的截图。
- 没有美感的大头照，或者后期处理太差的图片。
- 多人合照或拼图的图片。
- 有不雅着装与动作的照片。

2. 带货商品图

如果运营者的目的不是打造个人IP，而是想通过直播来卖货提升商品的销量，那么就可以不将自己的人像图作为封面，而是选择商品图作为直播封面。优质商品封面图的相关标准如图9-12所示。

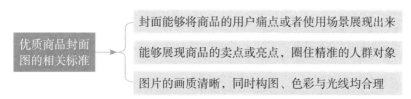

图9-12　优质商品封面图的相关标准

另外，运营者还需要注意避免使用一些低质量的商品封面图，具体如下：

- 商品图上的文字太多，背景杂乱。

- 采用低水平的Photoshop设计图或拼图。
- 随意拍的实物图，构图光线较差。
- 使用动漫、表情包或者风光照片等与商品无关的图片。
- 呈现商品的使用效果时，有夸大宣传的嫌疑。
- 图片效果不美观，令人反感。
- 为图片加上了不必要的边框。

★ 专家提醒 ★

在制作直播封面时，一定要注意图片的大小。微信视频号的直播封面图片大小不得低于800×1200像素。如果遇到图片不够清晰的情况，运营者最好重新制作封面图片，甚至是重新拍摄素材，因为画面的清晰度将会直接影响观众的体验。

9.2.2 拟写直播标题

微信视频号直播的标题需要简单明了，让观众快速了解直播的是什么商品或内容，从而快速抓取他们的购物选择。

1. 优质标题

对于不同的直播内容，运营者在设计直播标题时可以采用不同的方法，相关技巧如下。

（1）卖货类直播标题：优质的卖货直播间标题需要明确直播主题，突出内容亮点。以下为卖货类直播标题的一些常用模板。

- 模板1：使用场景/用户痛点+商品名称+功能价值。
- 模板2：情感共鸣型标题，更容易勾起观众的怀旧心理或好奇心。
- 模板3：风格特色+商品名称+使用效果。
- 模板4：突出活动和折扣等优惠信息。

（2）达人才艺类直播标题：通过标题来表现主播的特长或才艺。以下为达人才艺类直播标题的一些常用模板。

- 模板1：主播或歌单+互动文案。
- 模板2：主播身份+互动文案。

（3）聊天情感类直播标题：标题需要能够直击用户痛点，让观众产生共鸣。以下为聊天情感类直播标题的一些常用模板。

- 模板1：顺口溜+个人标签或昵称。
- 模板2：聊天主题+进来聊聊。

2. 低质标题

在撰写直播间的标题时，运营者还要注意不要走入误区，一旦使用了一些低质量的标题，很可能会对直播间的数据造成不可小觑的影响。图9-13所示为常见的低质直播间标题类型。

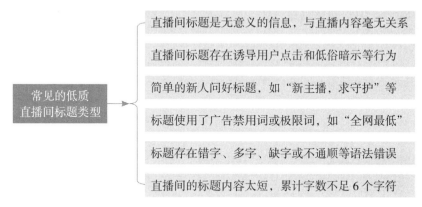

图9-13　常见的低质直播间标题类型

9.2.3　提升主播形象

一个好的妆容，可以让主播看上去更加精神。对于在微信视频号平台上开播的主播来说，妆容的基本原则是"简单大方，衣着整洁"。

其实，微信视频号主播的妆容和日常生活中的妆容并没有太大的差别，只要注意好化妆和穿搭过程中的一些小要领即可，从而更好地把直播主题与个人形象相结合。

1. 好的妆容，最能加分

主播在开播时，不管是不是基于增加颜值的需要，化妆都是必需的。另外，主播想要在颜值上加分，化妆是一个切实可行的办法。相较于整容这类增加颜值的方法而言，化妆有着巨大的优势，具体如下：

· 从成本方面来看，化妆这一方式相对来说要低得多。

· 从技术方面来看，化妆所要掌握的技术难度也较低。

· 从后续方面来看，化妆所产生后遗症的风险比较轻。

但是，主播的妆容也有需要注意的地方，在美妆类直播中，其妆容是为了更好地体现产品效果的，因而需要比较夸张一些，以便更好地衬托产品。在其他带货直播中，主播的妆容应该考虑观众的感受，选择比较容易让人接受的而不是带给人绝对视觉冲击的妆容，这是由直播平台的娱乐性特征决定的。

一般来说，用户选择观看直播的主要目的是获得精神上的轻松，让身心更加愉悦，因而，这些平台上的主播妆容的基本要求就是让人赏心悦目。当然，主播的妆容还应该考虑其自身的气质和形象，因为化妆是为了更好地表现主播的气质，而不是为了化妆而化妆。

2. 衣着发型，也很重要

主播的形象整洁得体，是从最基本的礼仪出发而提出的要求。除了上面提及的面部的化妆内容外，主播形象的整洁得体还应该从衣着和发型两个方面考虑。

从衣着上来说，应该考虑3个方面的内容，具体如图9-14所示。

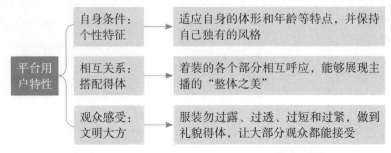

图9-14 主播衣着的整洁得体体现

从发型上来说，主播也应该选择适合自身的发型。例如，脸型偏长的女主播，可以做个"空气刘海"或者蓬松一点的发型，这样能够让主播的脸看起来更短更小。

3. 精神面貌，认真投入

在评价人的时候，有这样的说法：自信、认真的人最美。从这一方面来看，人的颜值在精神面貌方面也是有一定体现的。主播在直播时以积极、乐观的态度来面对观众，充分展现其对生活的信心，也是能加分的。

如果主播在直播时以认真、全心投入的态度来完成，那么也能让观众充分感受主播的魅力，从而欣赏主播的敬业美，并对她所带货的商品由衷地感到信服。

9.3 直播注意事项

对于微信视频号直播来说，封面和标题是直播间的"门面"，能够先声夺人吸引观众的第一眼，"视觉+营销"则是吸引观众长久停留在直播间的

"法宝"。

运营者在进行直播间的运营时，需要简单清楚地体现直播的最大利益点，通过更多的让利和互动来提升转化。本节主要介绍直播各阶段的注意事项，这些细节主播和运营者一定要提前知晓。

9.3.1 直播前的注意事项

直播前要做好一系列的准备工作，这样在开播后才不会手忙脚乱。下面列出了直播前的相关注意事项。

（1）基本准备：包括清晰明确的直播主题和点击率高的封面图片，同时还需要做好短信引流和客服预热等工作，重点在于提升开播后的流量。例如，主播在结束上一场直播时，可以通过口播、字幕或公告牌等形式对下一场直播进行预告，也可以在直播间的标题文案上标注直播时间，如图9-15所示。

图9-15 在直播间的标题文案上标注直播时间

（2）主播准备：主播的气质应该与带货的产品风格相符，可以提前做好搭配方案。例如，服装带货类主播不仅要准备好外穿、内搭、下装和鞋子等服饰，还要准备好帽子、包包、腰带、项链或手表等配饰，尽可能体现出服装产品的优势和特色。

（3）清单准备：运营者需要将所有直播商品的清单纸稿打印出来，将商品的功能卖点、价格优惠、使用方法、适用场景和消费群体等列到上面，这样主播在直播时可以照本宣科，避免出现差错。

（4）活动准备：运营者需要提前准备一些用于互动活动的小道具，如抽奖转盘、小礼品和粉丝专属优惠券等，如图9-16所示。

图9-16 直播抽奖转盘（左图）和红包墙（右图）

（5）场景准备：直播中会面临一些特殊状况或者运营者有意策划的一些剧情场景，如"××新品临时到货""××产品库存不足""老板临时特批××优惠价"等，这些穿插性的场景内容都可以提前策划，写好剧本进行预演，在直播流量高峰时给观众带来惊喜。

（6）设备准备：运营者需要预备好手机、电脑、网络和备用电源等设备，以备直播设备出现故障时能够马上替代，保证直播顺利地进行下去。

（7）运营准备：直播间运营是一个非常重要的岗位，主要工作任务都在直播前期的策划上，包括直播脚本、活动及选品等。通常情况下，直播间运营都具有一定的成本及营销意识，能够通过一系列的运营策划把直播间做得更好。对于大商家来说，可以多设置一些运营岗位，如内容策划运营、渠道宣传运营、选品对接运营等，这样做能够更好地提升直播运营数据。

9.3.2　直播中的注意事项

在直播过程中，需要注意以下事项：

（1）积极互动：主播在直播时要多对着镜头说话，产生一种隔空交流的画面感，这样观众才会有互动沟通的欲望。否则，主播如果总是背对着镜头，观众评论交流的积极性自然也不会太高。尤其是在刚开播观众较少的时候，主播要尽量向每个进来的观众问好。

（2）解答疑问：当直播间的观众提出问题时，主播要及时进行解答，即使是自己不会的问题，也要稍微回应一下，让观众感受到主播对他们的重视程度。例如，在下面这个卖四川腊味的直播间中，有许多观众提问主播商品的价格分别是多少，以及问150元能买多少斤腊肉。主播不仅现场将整块腊肉切开，腊肠剪断，还在直播中称重腊肉，打包分别邮寄给下单的观众，让观众不仅能很清楚地知道自己买了多少，还能亲眼见到自己购买的商品被打包邮寄，使观众感到特别放心，大大刺激了直播间其他观众的购买行为，如图9-17所示。

（3）讲解商品：主播要把控好每个商品的讲解时间，如果商品太多的话，不能浪费太多时间在无关紧要的事情上面，可以在休息间隙让助播来介绍一些商品或活动。例如，服装主播可以穿上打底衣裤，这样便于快速换装，在有限的时间内给观众讲解更多商品。

（4）做好场控：场控人员在直播过程中要实时监控直播间的氛围，尤其是在无人互动或者观看人数非常少的时候，一定要及时展开一些小活动，来增强直播间的气氛，避免冷场。另外，对于一些直播间的负面信息，场控人员也要及时进行舆情引导和处理，以免造成不良影响。对于主播来说，直播间的场控是一个炒热气氛的重要岗位，不仅可以帮助主播控制直播间的节奏，解决一些突发状况，而且可以引导粉丝互动。直播间场控的具体要求如图9-18所示。对于一些小商家来说，如果运营人员的时间足够多，同时能力也比较强，

图9-17　在直播间解答疑问的示例

也可以由运营来兼任直播间场控一职。

控制直播节奏	→	场控需要对直播间的流程进度了然于胸，时刻提醒主播接下来该做什么，把控好主播的节奏
引导粉丝互动	→	对于粉丝进场要表示欢迎，粉丝下单要表示感谢，以及给主播适当送礼进行热场，并提醒主播与粉丝及时互动
解决突发状况	→	在直播间出现临时上下架商品、价格库存变动及优惠调整等情况时，场控需要立马处理相关的事务

图9-18　场控的具体要求

（5）保持状态：主播在直播时要始终保持充满激情的亢奋状态，不仅说话的语速要快，而且音量要大，音调要高，切不可长时间默不作声，这样会使直播间的气氛变冷。助播如果发现主播有冷场的情况，需要及时提醒主播，并引导主播保持高亢的情绪。

通常情况下，一个完整的视频号直播间包括主播、助播、运营、场控、数据分析及客服等工作人员。当然，有能力的运营者也可以身兼数职，但同样需要理清这些直播角色的功能，这样才能事半功倍，提升直播间的带货效率。

例如，对于服装产品来说，主播的颜值就要高一些，同时要有好的身材和口才，这样不仅能够穿出漂亮的服装效果，而且能把服装的优势讲出来。再如，在

各种数码产品的直播间，观众都比较喜欢提各类问题，这时主播需要将自己打造成一个专家的形象，能够快速回复观众的问题，同时能够将产品优势有条不紊地说出来，从而增强观众的信任度。

助播，简单理解就是帮助主播完成一些直播工作，也可以称之为主播助理，具体工作内容如图9-19所示，助播能够起到锦上添花的作用，一主一辅相互配合，彼此是一种相互依赖的关系。例如，在平台大促期间，当主播的嗓子已经喊哑时，助播就要说更多的话，告诉观众怎么领券下单，分担主播的压力。

如果主播的粉丝量非常大，达到了几十万以上，而且粉丝的活跃度非常高，此时就需要增加一些助播。当然，一个助播每天也可以协助多个主播，来延长自己的工作时间，从而获得更多收入。

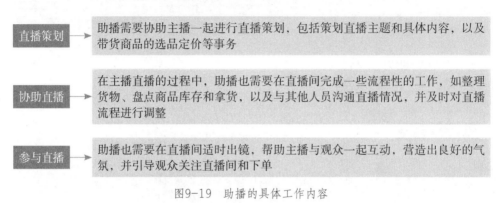

图9-19　助播的具体工作内容

9.3.3　直播后的注意事项

直播结束后，运营者需要做好本场直播的数据分析并进行复盘总结，利用数据去优化直播间的流程、活动、选品、话术和服务等细节。

直播后需要分析3个方面的内容，如图9-20所示。

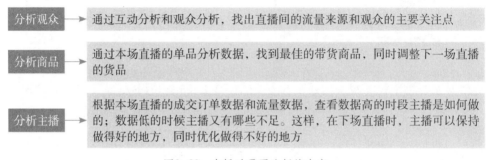

图9-20　直播后需要分析的内容

第10章
直播话术：增强用户的购买欲望

同样是做直播，有的主播一场直播可以带货上千万元，有的主播却一场直播没卖出几件产品。之所以会出现这种差异，其中一个重要原因就是前者懂得通过营销话术引导销售，而后者却不懂得如何通过话术带动产品的销售。

10.1　打造语言能力

出色的微信视频号主播都拥有强大的语言能力，有的主播会多种语言，让直播间多姿多彩；有的主播讲段子张口就来，让直播间妙趣横生。那么，主播该如何提高语言能力，打造一流的口才呢？本节将从3个角度为主播讲解提高语言能力的方法：语言表达能力、聊天语言能力及销售语言能力。

10.1.1　语言表达能力

一个人的语言表达能力在一定程度上体现了这个人的情商，对于微信视频号平台上的主播来说，可以从以下几方面来提高自己的语言表达能力。

1. 注意语句表达

在语句的表达上，主播需要注意以下两点：

· 主播需要注意话语的停顿，把握好节奏。

· 主播的语言表达应该连贯，听着自然流畅。

如果主播说话不够清晰，可能会在观众接收信息时造成误解。另外，主播可以在规范用语上发展个人特色，形成个性化与规范化的统一。总体来说，主播的语言表达需要具有如下特点：规范性、分寸感、感染性和亲切感，具体分析如图10-1所示。

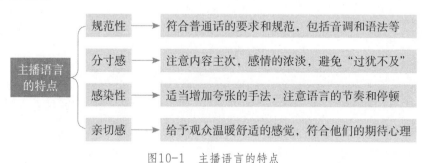

图10-1　主播语言的特点

2. 结合肢体语言

单一的话语可能会不足以表达，主播可以借助动作和表情进行辅助表达，尤其是眼神的交流，其次夸张的动作可以使语言更显张力。

3. 自身知识积累

主播可以在线下注重提高自身的修养，多阅读，增加知识的积累。大量阅读可以增加一个人的逻辑能力与语言组织能力，进而帮助主播更好地进行语言表达。

4. 进行有效倾听

懂得倾听是人品好的一种体现方式，微信视频号上的带货主播也要学会倾听观众的心声，了解他们的需求，这样才能更快地把商品卖出去。

在主播和观众交流沟通的互动过程中，虽然表面上看来是主播占主导，但实际上是以观众为主。观众愿意看直播的原因就在于能与自己感兴趣的人进行互动，主播要了解观众关心什么、想要讨论什么话题，就一定要认真倾听观众的心声和反馈。

5. 注意把握时机

在直播带货过程中，选择正确的说话时机也是非常重要的，这也是主播语言能力高的一种体现。主播可以通过观众的评论内容来思考他们的心理状态，从而在合适的时机发表合适的言论，这样观众才能认真听完主播的话，从而乐于接受主播推荐的产品。

10.1.2　聊天语言能力

如果主播在直播间带货时不知道如何聊天，遭遇冷场怎么办？为什么有的主播能一直聊得火热？这是因为主播没有掌握正确的聊天技能。下面为大家提供5点直播聊天的小技巧，为主播解决直播间"冷场"的烦恼。

1. 感恩心态

俗话说得好："细节决定成败！"如果在直播过程中主播对细节不够重视，那么观众就会觉得主播有些敷衍。在这种情况下，直播间的粉丝很可能会出现快速流失的情况。相反，如果主播对细节足够重视，观众就会觉得他是在用心直播。当观众感受到主播的用心之后，也会更愿意关注主播和下单购物。

在直播的过程中，主播应该随时感谢观众，尤其是进行打赏的观众，还有新进入直播间的观众。除了表示感谢之外，主播还要通过认真回复观众的评论，让观众看到直播对他们是很重视的，这也是一种转化粉丝的有效手段。

2. 换位思考

面对观众进行个人建议的表达时，首先主播可以站在观众的角度，进行换位思考，这样更容易了解回馈信息的观众的感受。

其次，主播可以通过学习及察言观色来提升自己的思想和阅历。此外，察言观色的前提是需要心思足够细腻，主播可以细致地观察直播时及线下互动时观众的态度，并且进行思考和总结，用心去感受观众的态度，并多为他人着想。"为他人着想"主要体现在图10-2所示的几个方面。

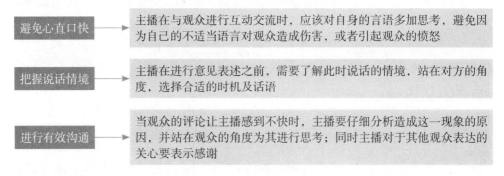

图10-2 "为他人着想"的体现

3. 低调直播

主播在面对观众的夸奖或批评时，都需要保持谦虚礼貌的态度，即使成为热门的主播也需要保持谦虚。谦虚耐心会让主播获得更多粉丝的喜爱，即使是热门的主播，保持谦虚低调也能让主播的直播生涯更加顺畅，并获得更多的"路人缘"。

4. 把握尺度

在直播聊天的过程中，主播要注意把握好尺度，懂得适可而止。例如，主播在开玩笑的时候，不要过度，许多主播因为开玩笑过度而遭到封杀。因此，懂得适可而止在直播中也是非常重要的。

还有的主播为了能出名，故意蹭一些热度，或者发表一些负能量的话题，来引起观众的热议，增加自身的热度。这种行为往往都是玩火自焚，不仅会遭到大家的唾弃，而且可能会被视频号平台禁播。如果在直播中，主播不小心说了错话，惹得观众愤怒，此时主播应该及时向观众道歉。

5. 幽默技巧

幽默风趣的主播，更容易俘获观众的喜爱，而且还能体现出主播的内涵和修养。所以，一个专业的微信视频号带货主播必然少不了幽默技巧。在生活中，很多幽默故事就是由生活的片段和情节改编而来的。因此，幽默的第一步就是收集搞笑的段子和故事等素材，然后合理运用，先模仿再创新。

首先，主播可以利用生活中收集而来的一些幽默素材，将其牢记于心，做到脱口而出，这样能够快速培养自己的幽默感。

其次，主播也可以通过观看他人的幽默段子和热门的"梗"，再到直播间进行模仿，或者利用故事讲述出来，让观众忍俊不禁。

很多人都喜欢听故事，主播可以在故事中穿插幽默的语言，则会让观众更加全神贯注，将身心都投入到主播的讲述之中。

10.1.3　销售语言能力

在微信视频号直播中，主播想要赢得流量，获取观众的关注，需要把握观众的心理，并且在说话时投其所好。下面介绍5种提高主播销售语言能力的方法。

1. 提出问题

主播在介绍产品之前，可以先利用场景化的内容，表达自身的感受和烦恼，与观众进行聊天，进而引出痛点问题，并且配合助播和场控一起保持话题的活跃度。

2. 放大问题

主播在提出问题之后，还可以将细节问题尽可能全面化放大。例如，买家在购买牛仔裤时，经常会遇到褶皱、起球或毁色等问题。主播便可以从观众评论中收集这些问题，然后通过直播将所有细节问题一一进行描述，来突出自己的产品优势。

3. 引入产品

主播讲述完问题之后，可以引入产品来解决问题。主播可以根据用户痛点需求的关注程度，来排列产品卖点的优先级，全方位地展示产品信息，吸引买家。

总之，主播只有深入了解自己的产品，对产品的生产流程、材质类型和功能用途等信息了如指掌，才能在直播中将产品的真正卖点说出来。

4. 提升高度

引出产品之后，主播还可以从图10-3所示的几个角度对产品进行讲解。

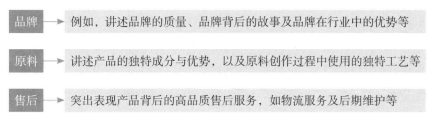

图10-3　提升产品价值的讲解角度

5. 降低门槛

最后一个方法是降低门槛，讲完优势及提高产品价值后，主播应该提供给观众本次购买的福利，或者利用限制数量来制造紧张氛围，让观众产生消费冲动，引导他们在直播间下单。

10.2　学习话术模板

主播在直播带货过程中，除了要把产品很好地展示给观众以外，还要掌握一些直播带货技巧和话术，这样才可以更好地进行产品的推销，提高主播自身的带货能力，从而让主播的商业价值得到提高。

由于每一个买家的消费心理和消费关注点都是不一致的，在面对合适且有需求的产品时，仍然会由于各种细节因素，导致最后并没有下单。面对这种情况，主播就需要借助一定的销售技巧和话语来突破买家最后的心理防线，促使观众完成下单行为。

本节将介绍几种微信视频号直播带货的技巧和话术，帮助主播提升带货技巧，让直播间的产品销量更上一层楼。

10.2.1　介绍法模板

介绍法是介于提示法和演示法之间的一种方法。主播在微信视频号直播间带货时，可以用一些生动形象和有画面感的话语来介绍产品，达到劝说观众购买产品的目的。图10-4所示为介绍法的3种操作方式。

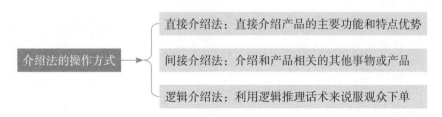

图10-4　介绍法的3种操作方式

1. 直接介绍法

直接介绍法是指主播直接向观众介绍和讲述产品的优势和特色，让观众快速了解产品的卖点。这种直播话术的最大优势就是非常节约时间，能够直接让观众了解产品的优势，省却不必要的询问过程。

例如，对于服装产品，主播可以这样说："这款服饰的材质非常轻薄贴身，很适合夏季穿着。"这就是通过直接介绍服装的优点，提出服装的材质优势，来吸引观众购买。

2. 间接介绍法

间接介绍法是指采取向观众介绍与产品本身相关、密切的其他事物，来衬托介绍产品本身。

例如，如果主播想向观众介绍服装的质量，不会直接说服装的质量有多好，而是介绍服装采用的面料来源，来间接表达服装的质量过硬和值得购买的意思，这就是间接介绍法。

3. 逻辑介绍法

逻辑介绍法是指主播采取逻辑推理的方式，通过层层递进的语言将产品的卖点在直播中说出来，整个语言的前后逻辑和因果关系非常清晰，更容易让观众认同主播的观点。

例如，主播在进行服装带货时，可以向顾客说："用几杯奶茶钱就可以买到一件美美的服装，你肯定会喜欢。"这就是一种较为典型的逻辑介绍法，表现为以理服人、顺理成章，说服力很强。

10.2.2　赞美法模板

赞美法是一种常见的直播带货话术，这是因为每个人都喜欢被人称赞，喜欢得到他人的赞美。在这种赞美的情景之下，被赞的人很容易情绪高涨愉悦，从而购买主播推荐的产品。

主播可以将产品能够为观众带来的改变说出来，告诉观众他们使用了产品后，会变得怎么样，通过赞美的语言来为观众描述梦想，让观众对产品心生向往。下面介绍一些赞美法的相关技巧。

1. 说话因人而异

对于不同年龄和性别的观众，主播要选择不同的赞美词语。例如，对于女性观众，主播可以这样说："您穿上这件衣服后，气质肯定会更好！"这样更容易打动观众。

2. 巧借他人言论

主播可以借助第三者的言辞，如名人、明星或者其他观众等。例如，在售卖某种明星代言的产品时，主播可以说："××明星也觉得这个产品不错呢！"让自己对观众的赞美话语更有说服力。

3. 语言要具体

主播在赞美观众时，使用的语言要具体、实在，不能空空而谈。例如，当观众询问某个商品时，主播可以这样说："您真是好眼力，您看中的×号商品可是现在最流行的，最新款。"

另外，"三明治赞美法"也是赞美法中比较被人推崇的一种表达方法，它的表达方式如下：首先根据对方的表现来称赞他的优点；然后提出希望对方改变的不足之处；最后，重新肯定对方的整体表现状态。通俗的意思：先褒奖，再说实情，最后说一个总结的好处。

例如，当观众担心自己的身材不适合这件裙子时，主播就可以这样说："这条裙子不挑人，大家都可以穿，虽然你可能有点不适合这款裙子的版型，但是你非常适合这款裙子的风格，不如尝试一下。"

10.2.3 强调法模板

强调法，也就是需要主播不断向观众强调这款产品是多么好，多么适合他，类似于"重要的话说三遍"。

当主播想大力推荐一款产品时，就可以通过强调法来营造一种热烈的氛围，这样观众在这种氛围的引导下，会不由自主地被直播间气氛所感染，从而开始下单。强调法通常用于在直播间催单，能够让犹豫不决的观众立刻行动起来，相关技巧如图10-5所示。

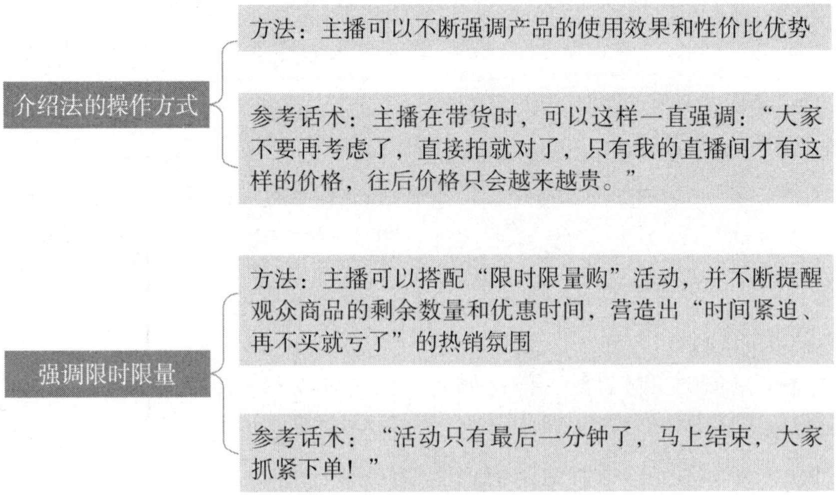

介绍法的操作方式

> 方法：主播可以不断强调产品的使用效果和性价比优势

> 参考话术：主播在带货时，可以这样一直强调："大家不要再考虑了，直接拍就对了，只有我的直播间才有这样的价格，往后价格只会越来越贵。"

强调限时限量

> 方法：主播可以搭配"限时限量购"活动，并不断提醒观众商品的剩余数量和优惠时间，营造出"时间紧迫、再不买就亏了"的热销氛围

> 参考话术："活动只有最后一分钟了，马上结束，大家抓紧下单！"

图10-5 强调法的相关技巧

10.2.4　示范法模板

示范法又称示范推销法，就是要求主播把要推销的产品通过亲自试用来给顾客进行展示，从而激起观众的购买欲望。由于直播带货的局限性，使得观众无法亲自试用产品，这时就可以让主播代替他们来使用产品，让观众更直观地了解产品的使用效果。图10-6所示为示范法的操作思路。

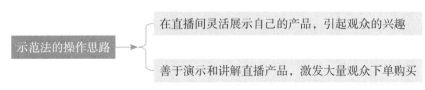

图10-6　示范法的操作思路

示范法涉及的方法和内容较复杂，不管是产品陈列摆放或者当场演示，还是主播展示产品的试用、试穿或试吃等方式，都可以称为示范法。示范法的主要目的就是让观众达到一种亲身感受产品优势的效果，同时通过把产品的优势尽可能地全部展示出来，来吸引观众的兴趣。

例如，在下面这个卖汽车的直播间中，主播通过在车外讲解汽车的外观特点和主要功能，同时还为观众全方位地展示汽车的外观，这种场景式的直播内容更容易让观众信服，如图10-7所示。

图10-7　汽车直播间示例

10.2.5 限时法模板

限时法是指主播直接告诉观众，本场直播在举行某项优惠活动，这个活动到哪天截止，在这个活动期，观众能够得到的利益是什么。此外，主播还需要提醒观众，在活动期结束后，再想购买，就要花更多的钱。

参考话术："亲，这款服装，我们今天做优惠降价活动，今天就是最后一天了，您还不考虑入手一件吗？过了今天，价格就会回到原价位，和现在的价位相比，足足多了几百的差距呢！如果您想购买这款服装的话，必须得尽快下单哦，机不可失，时不再来。"

主播在直播间向观众推荐产品时，就可以积极运用限时法，给他们造成紧迫感，也可以通过直播界面的公告牌和悬浮图片素材中的文案来提醒顾客。使用限时法催单时，商家还需要给直播商品开启"限时限量购"活动，这是一种通过对折扣促销的产品货量和销售时间进行限定，来实现"饥饿营销"的目的，可以快速提升店铺人气和GMV（Gross Merchandise Volume，商品交易总额）。

10.3 营造热烈氛围

在微信视频号平台上，直播作为一种卖货的空间，主播要通过自己的言行在整个环境氛围上营造出紧张感，给观众带来时间压力，刺激他们在直播间中下单。

主播在直播带货时，必须时刻保持高昂的精神状态，将直播当成是现场演出，这样观众也会更有沉浸感。本节将介绍一些营造直播带货氛围的相关话术技巧，帮助主播更好地去引导观众下单。

10.3.1 开场招呼话术

当有用户进入直播间之后，直播的评论区会有显示。主播在看到进直播间的用户之后，可以对其表示欢迎。

当然，为了避免欢迎话术过于单一，主播在经过一定的分析之后，可以根据自身和观看直播的用户的特色来制定具体的欢迎话术。具体来说，常见的欢迎话术主要包括以下4种：

（1）结合自身特色。如"欢迎×××来到我的直播间，希望我的歌声能够给您带来愉悦的心情！"

（2）根据用户的名字。如"欢迎×××的到来，看名字，你是很喜欢玩《×××》游戏吗？真巧，这款游戏我也经常玩！"

（3）根据用户的账号等级。如"欢迎×××进入直播间，哇，这么高的等级，看来是一位大佬了，求守护呀！"

（4）表达对忠实粉丝的欢迎。如"欢迎×××回到我的直播间，差不多每场直播都能看到你，感谢一直以来的支持呀！"

另外，主播在开场时要记得和观众打招呼，下面是一些常用的模板。

·"大家好，主播是新人，刚做直播不久，如果有哪些地方做得不够好，希望大家多包容，谢谢大家的支持。"

·"我是××，将在直播间给大家分享×××，而且还会每天给大家带来不同的惊喜哟，感谢大家捧场！"

·"欢迎新进来的宝宝们，来到××的直播间，支持我就加个关注吧！"

·"欢迎××进入我的直播间，××产品现在下单有巨大优惠哦，千万不要错过了哟！"

·"××产品秒杀价还剩下最后十分钟，进来的朋友们快下单哈！错过了这波福利，可能要等明年这个时候了哦！"

当观众听到主播念到自己的名字时，通常会有一种亲切感，这样观众关注主播和下单购物的可能性会更大。另外，主播也可以发动一些老粉丝去直播间与自己聊天，带动其他观众评论互动的节奏。

10.3.2　时间压力话术

有很多人做过相关的心理学实验，都发现了一个共同的特点，那就是"时间压力"的作用。

·在用数量性信息来营造出超高的时间压力环境下，消费者很容易产生冲动性的购买行为。

·在用内容性信息来营造出较低的时间压力环境下，消费者在购物时则会变得更加理性。

主播在直播带货时也可以利用"时间压力"的原理，通过自己的语言魅力营造出一种紧张状态和从众心理，来降低观众的注意力，同时让他们产生压力，忍不住抢着下单。

下面介绍一些能够增加"时间压力"的带货话术模板。

（1）参考话术："6号产品赶紧拍，主播之前已经卖了10万件！"

这种话术用销量数据来说明该产品是爆款，同时也能辅助证明产品的质量可靠性，从而暗示观众该产品很好，值得购买。

（2）参考话术："××产品还有最后5分钟就恢复原价了，还没有抢到的朋友要抓紧下单了！"

微信视频号主播用倒计时来制造产品优惠的紧迫感和稀缺感，让观众产生"自己现在不在直播间下单，就再也遇不到这么实惠的价格"的想法，从而产生一种急迫感，开始购买。

（3）参考话术："××产品主播自己一直在用，现在已经用了3个月了，效果真的非常棒！"

主播通过自己的使用经历，为产品做担保，让观众对产品产生信任感，激发他们的购买欲望。需要注意的是，同类型的产品不能每个都这样说，否则就显得太假了，容易被观众看穿。

（4）参考话术："这次直播间的优惠力度真的非常大，工厂直销，全场批发，宝宝们可以多拍几套，价格非常划算，下次就没有这个价了。"

主播通过反复强调优惠力度，同时抛出"工厂直销"和"批发"等字眼，会让观众觉得"商家已经没有利润可言，这是历史最低价"，吸引他们大量下单，从而提高客单价。

（5）参考话术："直播间的宝宝们注意了，××产品的库存只有最后100件了，抢完就没有了哦，现在拍能省××元，还赠送一个价值××元的小礼品，喜欢的宝宝直接拍。"

主播通过产品的库存数据，来暗示观众这个产品很抢手，同时还利用附赠礼品的方式，来超出观众的预期价值，达到更好的催单效果。

（6）参考话术："××产品在店铺的日常价是××元，去外面买会更贵，一般要××元，现在直播间下单只需××元，所以主播在这里相当于给大家直接打了5折，价格非常划算了。"

主播通过多方对比产品的价格，来突出直播间的实惠，让观众放弃去其他地方比价的想法，从而在自己的直播间下单。

10.3.3　暖场互动话术

在微信视频号直播中，主播也需要和观众进行频繁互动，这样才能营造出更火热的直播氛围。

当用户在直播中购买产品或者刷礼物，支持主播时，主播可以通过一定的话语对用户表示感谢。

（1）对购买产品的感谢。如"谢谢大家的支持，×××不到1小时就卖出了500件，大家太给力了，爱你们哦！"

（2）对刷礼物的感谢。如"感谢××哥的嘉年华，这一下就让对方失去了战斗力，估计以后他都不敢找我PK了。××哥太厉害了，给你比心！"

此外，主播还要懂得引导用户，根据自身的目的，让用户为你助力。对此，主播可以根据自己的目的，用不同的话术对用户进行引导，具体如下：

（1）引导购买。如"天啊！果然好东西都很受欢迎，半个小时不到，××已经只剩下不到一半的库存了，要买的宝宝抓紧时间下单哦！"

（2）引导刷礼物。如"我被对方超过了，大家给给力，让对方看看我们的真正的实力！"

（3）引导直播氛围。如"咦！是我的信号断了吗？怎么我的直播评论区一直没有变化呢？喂！大家听不听得到我的声音呀，听到的宝宝请在评论区扣个1。"

由此可知，主播可以利用一些互动话术和话题，吸引观众深度参与到直播，相关技巧如图10-8所示。

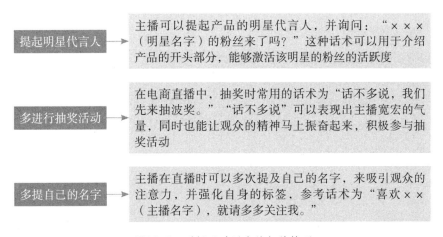

图10-8　暖场互动话术的相关技巧

10.3.4　观众提问话术

微信视频号主播在直播间向用户提问时，主播要使用能提高用户积极性的话语。对此，笔者认为，主播可以从如下两个方面进行思考：

（1）提供多个选择项，让用户自己选择。如"接下来，大家是想听我唱歌，还是想看我跳舞呢？"

（2）让用户更好地参与其中。如"想听我唱歌的打1，想看我跳舞的打2，我听大家的安排，好吗？"

许多观众之所以会对主播进行评论，主要就是因为他对于产品或直播中的相关内容有问题。针对这一点，主播在策划直播脚本时，应尽可能地选择一些能够引起观众讨论的内容。这样做出来的直播自然会有观众感兴趣的点，而且观众参与评论的积极性也会更高一些。

当观众对主播进行提问时，主播一定要积极做好回复，这不仅是态度问题，还是获取观众好感的一种有效手段。下面总结了一些微信视频号直播间的观众常提的问题和对应的解答技巧，可以帮助主播更好地回复观众并引导他们互动。

问题1："看一下××产品"

第一个常见的提问为"看一下××产品"或"×号宝贝试一下"，观众在评论中提出需要看某个产品或款式。针对这一类型的提问，表示观众在观看直播的时候，对该产品产生了兴趣，需要主播进行讲解。

这类问题主播千万不能忽略，如果方便的话，或者时间比较充裕，则可以马上拿出产品进行试用或试穿，同时为观众讲解产品的功能和价格等方面的优势，并挂上产品链接，引导观众去下单，这种及时讲解的行为能很好地提高观众的好感度，吸引更多观众进行下单。

问题2："主播多高多重？"

第二个常问的问题是问主播的身高和体重，如"主播多高多重？"在直播间中，主播通常会通过公告牌、文字、小黑板或悬浮图片等素材来展示主播的身高与体重信息，但是有时候观众可能没有注意到这些细节，依然会在评论区询问这些问题，主播千万不能不耐烦，应耐心回答，引导观众查看旁边公告牌上的各种信息。

问题3："身高不高能穿吗？"

第三类问题是观众在直播间内问主播："身高不高能穿吗？"对于这类问

题，主播可以让观众提供具体身高和体重信息，然后给予合理的意见；或者询问观众平时所穿的尺码。

例如，卖连衣裙的直播间，主播可以说自己的产品是标准尺码，平时穿L码的观众，可以直接选择L码；也可以让观众自行测量一下腰围，再根据裙子的详情页中的详细尺码信息，为有需求的观众给出合理意见。

问题4："主播怎么不理人"

有时观众会问主播"为什么不理人"，或者责怪主播没有理会他。这时主播需要安抚该观众的情绪，可以先对观众说声抱歉，再回复说没有不理，并且建议观众多刷几次评论，主播就能看见了。如果主播没有及时安抚观众的话，可能就会丢失这个潜在客户。

问题5："五号宝贝多少钱？"

最后一个问题是针对观众观看直播，但是没有看商品的详情介绍，而提出的相关价格方面的问题。对于此类问题，主播可以直接告知观众价格，引导观众在直播间领券下单，或者告诉观众关注店铺并下单可享受优惠价。

10.3.5　直播卖货话术

对于微信视频号的主播来说，卖货是必须掌握的技能。因此，主播需要掌握卖货的话术技巧，来提升直播间的气势和氛围，促使观众跟随你的节奏去下单。

主播要想在直播间卖货，前提条件是直播间有足够的氛围和人气，这样才能提起观众的兴趣，让他们更愿意在直播间停留，从而增加更多成交和转化的机会。下面介绍一些主播与观众进行恰当沟通和互动的技巧，让直播间能够长久保持热度，如图10-9所示。

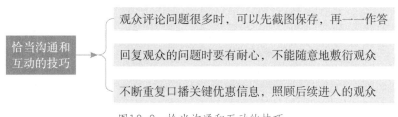

图10-9　恰当沟通和互动的技巧

当然，一般观众较多的直播间提问频率是非常高的，主播在面对大量的评论信息时，不可能一个个去回答，这样会非常累，还会压缩介绍产品的时间，无限期地拖长直播时间，不利于直播的顺利进行。另外，这样还容易遗漏部分观众的问题，导致他们离开直播间。

因此，主播在开始介绍产品并卖货时，要多使用引导话术，让观众根据主播的模板进行提问，这样能够统一回复大家的问题，相关案例如图10-10所示。

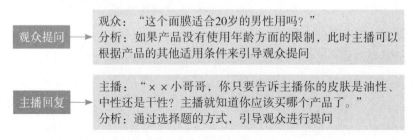

观众提问 → 观众："这个面膜适合20岁的男性用吗？"
分析：如果产品没有使用年龄方面的限制，此时主播可以根据产品的其他适用条件来引导观众提问

主播回复 → 主播："××小哥哥，你只要告诉主播你的皮肤是油性、中性还是干性？主播就知道你应该买哪个产品了。"
分析：通过选择题的方式，引导观众进行提问

图10-10　引导话术的沟通案例

微信视频号直播卖货话术的关键在于营造一种抢购的氛围，处于抢购氛围中的观众下单会更加爽快。图10-11所示为一些常用的直播卖货话术模板。

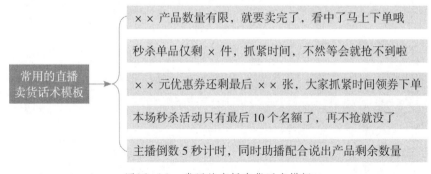

常用的直播卖货话术模板 →

×× 产品数量有限，就要卖完了，看中了马上下单哦

秒杀单品仅剩 × 件，抓紧时间，不然等会就抢不到啦

×× 元优惠券还剩最后 ×× 张，大家抓紧时间领券下单

本场秒杀活动只有最后 10 个名额了，再不抢就没了

主播倒数 5 秒计时，同时助播配合说出产品剩余数量

图10-11　常用的直播卖货话术模板

主播需要掌握每个直播环节的话术要点，根据话术模板来进行举一反三，将其变成自己专属的卖货语言，这样就能做到"以不变应万变"。

其实，直播卖货话术的思路非常简单，无非就是"重复引导（关注、分享）+互动介绍（问答、场景）+促销催单（限时、限量与限购）"，主播只要熟练使用这个思路，即可轻松在直播间卖货。

10.3.6　下播告知话术

每场直播都有下播的时候，当直播即将结束时，主播应该通过下播话术向用户传达信号。那么，如何向用户传达下播信号呢？主播可以重点从3个方面进行考虑，具体如下：

（1）感谢陪伴。如"直播马上就要结束了，感谢大家在百忙之中抽出宝贵的时间来看我的直播。你们就是我直播的动力，是大家的支持让我一直坚持到了现在。期待下次直播还能在看到大家！"

（2）直播预告。如"这次的直播要接近尾声了，时间太匆匆，还没和大家玩够就要暂时说再见了。喜欢主播的可以明晚8点进入我的直播间，到时候我们再一起玩呀！"

（3）表示祝福。如"时间不早了，主播要下班了。大家好好休息，做个好梦，我们来日再聚！"

第11章

直播控场：保证带货的有序进行

主播要想掌控全场，不仅需要随机应变地回答用户的问题，还要不断学习和提高自身的专业能力。本章重点讲述主播掌控全场的方法，帮助主播全程把控直播，有效地避免冷场。

11.1 留好直观印象

微信视频号的直播销售是一种通过手机屏幕和观众交流、沟通的职业，它必须依托直播方式来让观众进行购买，这种买卖关系使得主播会更加注重建立和培养自己与观众之间的亲密感。

因此，主播不再是冷冰冰的形象或者单纯的推销机器，而渐渐演变成了更加亲切的形象。主播会通过和观众实时的信息沟通，及时根据观众的要求进行产品介绍，或者回答观众提出的有关问题，实时引导观众进行关注、加购、下单等操作。

正是由于主播的身份转变需求，很多主播在直播间的封面上，一般都会展现出邻家小妹或者调皮可爱等容易吸引观众的画面。

11.1.1 留好第一印象

如果视频号运营者是一个新手主播，还没有固定的用户群体，那么需要一开始就吸引用户的注意力。用户也许只看十秒，就会决定要不要继续看该运营者的直播。主播要想与用户建立良好的关系，吸引用户持续关注自己的直播间，重点在于给用户留下好的印象。那么，主播如何抓住用户的眼球，在直播中给用户留下好印象呢？笔者认为，做好以下两点：

1. 个人特点

主播在直播的过程中，要给用户留下深刻的印象，展示出自己的个人特点。很多当红的明星都有自身的人设，人设就是特点，有特点就能吸引更多人关注，视频号的主播也是一样。

2. 显示个性

主播在直播间销售产品时，要显示出自己的个性，有了正面的个性化标签，就能给用户留下好的印象。

例如，主播在直播中介绍产品的时候，可以穿插讲述自己与产品的故事。主播可以通过分享自身的故事，给用户留下好印象，激发用户的兴趣，使整个直播间有话题可以聊，最后也许用户没有记住产品，但是用户一定记住了主播的形象和性格。

11.1.2　把握直播节奏

因为一场直播的时间通常会比较长，主播很难让直播间一直处于"高潮"状态。但是，如果直播一直冷场，又会留不住用户。所以，在直播的过程中，主播要把握好直播的节奏，让直播松弛有度。只有这样，才能增加用户在直播间的停留时间，让更多用户购买你的产品。

一个优质的主播，一定会给大家放松的时刻。那么，如何在直播带货过程中营造轻松的时刻呢？主播可以在讲解产品的间隙，通过给用户唱歌，或发起话题讨论等，为用户营造出一种宾至如归的感觉。

11.1.3　保持激昂情绪

主播想要吸引更多粉丝，就需要有让视频号直播间"热起来"的能力。那么，如何让直播间活跃起来呢？其中一种方法就是充满激情地进行直播，用情绪感染用户。

俗话说，"打哈欠会传染、打喷嚏会传染"，当主播激情澎湃地进行直播时，主播高昂的情绪很容易带动直播间的气氛，吸引更多用户点进直播间驻足观看。这与古代货郎大声吆喝卖东西是同一个道理，只要主播的情绪足够激昂，就能把更多人的目光吸引过来。

11.2　正确处理问题

在现实生活中会有一些喜欢抬杠的人，而在网络上，许多人因为披上了"马甲"，直接变身为"畅所欲言"的"键盘侠"。

对于这些喜欢吐槽，甚至是语言中带有恶意的人，做视频号直播的主播一定要有良好的心态，千万不能因为这些人的不善而与其"互喷"。那么，在面对各类问题时，主播该怎么处理呢？本节将为大家介绍4种有效的应对方法。

11.2.1　正确处理吐槽

在微信视频号的直播平台上，有很多用户喜欢将负能量发泄给主播，也有不明事理、盲目跟风"吐槽"的用户。当面对这些指责时，主播要尽量大事化小，小事化了。下面介绍4种处理方法。

1. 直接无视，做好自己

如果有用户在直播间"吐槽"，主播就去回应"吐槽"的人，想要据理力争，那么"吐槽"你的人可能会更加激动地回应。这样一来，直播间中可能就会充满火药味，而其他用户看到气氛不对，可能就会离开直播间；相反，如果用户"吐槽"时，主播直接选择无视，那么"吐槽"的用户在说了一会之后也会觉得这样做没什么意思。这样一来，用户也没有兴趣再继续"吐槽"了。

2. 指桑骂槐，侧面抨击

面对"吐槽"者，主播没有必要用激烈的言辞直接怒怼，因为主播是一个公众人物，必须维护好自身的形象。当然，当"吐槽"者咄咄逼人，触犯的主播底线时，主播可以通过指桑骂槐的方式，对吐槽者进行侧面抨击。

例如，主播可以采用冷幽默的方式进行回应，让用户感受到主播的幽默，同时也对"吐槽"者进行一番讽刺；也可以利用幽默故事从侧面表达自己的想法，间接对"吐槽"者做出回应。

3. 正面激励，自我疏导

面对"吐槽"，主播最好的处理方式就是将压力转变成动力，把负能量转变成正能量，一只耳朵进一只耳朵出，正面地开导自己，看一些忠实粉丝的评论，进行自我疏导。

在直播间遇到负能量的用户，这件事任何主播都不能控制，主播要学会将负能量自己消化并转化。如果主播无法从负面情绪里释怀，那么主播的直播状态势必会受到影响，而主播的状态又会影响带货的效果。因此，主播要多对自己进行正面激励，调整好自己的状态，让自己的内心变得强大起来。

11.2.2　找出问题原因

很多时候，问题出现的时候，我们经常会安慰自己，觉得是运气不好；或者是别人不理解我，可能我也有问题，但是问题不大。诸如此类，有这样想法的人很多。出现问题时，应先从自己身上找原因。只有不断地反思，才能不断进步。

例如，某主播在进行直播带货时"翻车"了，向用户推荐的是不粘锅，可是在操作的过程中，却粘锅了。那么，主播就要分析"翻车"的原因。通常来说，这种情况的出现有两种原因：一是产品质量不过关，二是主播的操作有问题。

在了解原因之后，主播便可以有针对性地进行改进。具体来说，主播的团队在选品时要多用心，确保所选产品的质量；也可以在直播之前先进行操作，掌握正确的操作方法。

11.2.3　及时纠正错误

主播是面对成千上万陌生人的职业，主播的一言一行都会变成街头巷尾谈论的话题。带货能力好，会被大众谈论；直播"翻车"也同样会被大众讨论。当直播"翻车"时，主播需要做的就是承认自己的错误，并及时进行纠正。

这样做就算不能挽回直播时的损失，至少也可以让用户看到主播知错能改的态度，从而增强视频号运营者的用户黏性。

11.2.4　机智应对质疑

生活中面对任何人的质疑和挑衅，都要学会不卑不亢，主播在直播时也是如此。如果一位用户质疑产品的质量和售后，主播一味地表示认同，那么其他用户也会不信任主播。因此，面对质疑时，主播虽然要展现自己的服务态度，尽量不要强词夺理，但也要正面质疑，机智地应对质疑。

任何产品和品牌都不能失去购买用户，没有用户，产品就没有销路，品牌就发展不起来。同理，任何一个主播都不能失去观看直播的用户。所以，为了更好地留住用户，当用户质疑甚至是挑衅时，主播要学会机智应对。图11-1所示为主播应对质疑的3种方法。

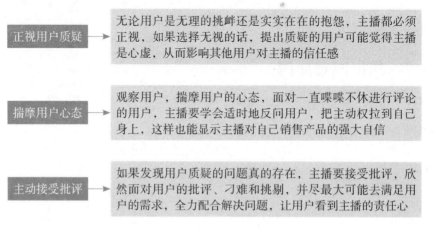

图11-1　主播应对质疑的3种方法

11.3　增强互动交流

对于视频号的主播来说，无论是吸粉，还是粉丝的黏性都非常重要。而吸粉和粉丝的黏性又都需要与用户沟通交流来实现。因此，大多数主播对于与粉丝的交流都比较重视。

本节介绍几种与粉丝交流的方法，帮助视频号主播提高粉丝运营能力，更好地与用户形成紧密的联系。

11.3.1　激发用户表达

很多主播都把用户当成一个倾听者，一味地在微信视频号直播中进行倾诉、推荐各种产品。这些主播仅仅是把自己的观点传递给用户，而没有给用户任何表达想法的机会。

每个人都有自己的想法，主播要想引导用户下单，就必须刺激用户的表达欲，并倾听用户的想法。那么，微信视频号的主播该如何激发用户的表达欲望呢？笔者认为主要有两种方法，如图11-2所示。

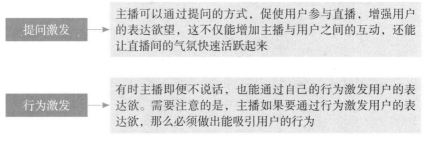

图11-2　激发用户表达欲望的方法

11.3.2　改善用户关系

石油大王约翰·戴维森·洛克菲勒（John Davison Rockefeller）曾说过："如果人际沟通能力也是如糖或者咖啡一样的商品，我愿意付出比太阳底下任何东西都珍贵的价格来购买这种能力。"由此不难看出人际沟通能力的重要性。

对于微信视频号的主播来说，通过沟通交流改善与用户的关系，也是提高带货效率的一个关键。那么，主播应如何改善与用户的关系呢？接下来，介绍3种常见的方法。

1. 关注需求，提高下单

在直播中销售何种产品，主播都应该要了解用户的需求，只有不断满足用户的需求，才能提高用户的下单欲望，提高产品的销量。

主播在了解用户需求的过程中，需要特别注意一点，那就是要适当听取用户的意见，这样才能显示出主播对用户的重视。

2. 倾听意见，增加互动

不论是直播带货，还是直播打游戏、直播聊天和直播唱歌，倾听用户的意见都是必不可少的一环。只有倾听用户的意见，让用户参与进来，才能了解用户的需求，有针对性地给用户推荐产品。

那么，如何让用户参与直播呢？其中一个方法就是增加互动环节，为用户的表达提供更多契机。对此，主播可以站在用户的角度思考，多为用户提供一些可以讨论的话题，通过倾听用户的意见来了解用户的需求。

例如，在微信视频号直播中，用户希望主播穿上售卖的服装产品看一看。而主播看到用户的评论之后，便现场演示服装的多种穿法，并进行了效果展示，如图11-3所示，这便是在倾听用户意见的基础上进行的产品展示。

图11-3 为观众展示服装产品

3. 用户不满，情绪安抚

主播在直播过程中不仅要会调动用户的情绪，还要会安抚用户的情绪。当用户没有抢到优惠券，或者没有抢到直播间的红包时，主播不能向用户道歉，这样会让用户觉得自己是对的，会使用户感觉更加生气。

安抚用户的正确方法应该是，对用户说"活动结束了！""欢迎宝宝下次再来！""下次的优惠力度更大哦！"这样用户就会感觉，除了自己之外，还有很多人也没有抢到优惠。这样一来，用户便不会将矛头指向主播了。

例如，微信视频号直播中，如果主播发起了抽奖，界面中便会显示抽奖结束的倒计时。对此，主播可以提醒用户关注抽奖的时间，并引导观众参与直播间的抽奖，如果用户没有抽到奖，主播则可以耐心安抚观众，提醒观众下一次抽奖活动的时间，引导观众持续关注主播，如图11-4所示。

图11-4　直播间显示抽奖结束的倒计时

11.3.3　真诚请教高手

一个主播从"平平无奇"到"闪闪发光"都是有一个过程的，现在我们看到的大主播，最初也是一个平平无奇的小主播。

想成为一个"大主播"，不仅要坚持，还需要扩宽圈子，找到比自己更加优秀的、知名的主播学习和交流。当"大主播"和"小主播"连麦时，"小主播"不仅能够学习到直播技巧，还能够让更多的用户看到你。

因此，在连麦PK时，"小主播"即便败了，也不应该耍赖、闹脾气，而应该学会借鉴他人的成功经验，反思自己的短板与不足，并在下次直播中尽量避免这些问题，争取让自己每一次都比上一次做得更好。

另外，在直播的过程中，主播可能也会遇到一些对产品有详细了解的"高手"。在面对这些"高手"时，主播可以通过真诚地请教来形成互动。这不仅可以让其他用户看到主播虚心请教的一面，也能避免由于自身对产品了解不足，而与"高手"造成不必要的争执。

11.3.4　提高粉丝互动

本节介绍几种与粉丝交流的方法，帮助主播提高粉丝运营能力，更好地与用户形成紧密的联系。

1. 粉丝互动，即时回复

现在，越来越多的主播开始注重和粉丝的互动，及时接收粉丝信息、及时回复粉丝的问题、时不时和粉丝聊聊闲话，已经成为每一个直播间主播的重点工作内容。

直播不仅是一种信息传播媒介和新的营销方式，还是一种实时互动的社交方式，这可以从其对用户的影响全面地表现出来。人们在观看直播的时候，就好像在和人进行面对面的交流，这就使得用户感受到陪伴的温暖和共鸣。

主播可以通过在直播过程中表达对热点话题的看法，获得用户的共鸣，或者在粉丝群里和粉丝聊天，这都是有效地与用户互动的方式。同时，当粉丝进行评论时，主播应该尽可能地进行回复。这样可以帮助主播和粉丝之间形成稳定的社交关系，提升双方的亲密度。

主播要想更好地拉近与粉丝之间的距离，在直播过程中就需要和粉丝充分进行互动，让粉丝感到自己被主播关注、被重视，这样才能更有效地吸引用户的关注和增加用户的黏性，从而提高产品的销量。

2. 情绪管理，针对引导

一个主播要想成为"大主播"，就需要学会管理情绪。如果主播不能管理好自己的情绪，那么无论他的销售能力多强，都难以长久地获得用户的信任。

因为信任是连接主播和用户的桥梁，如果主播管理不好自己的情绪，那么在用户交流互动的过程中，就会觉得主播不太好沟通。这样一来，用户就会逐渐疏离主播，而用户对主播的信任感和忠诚度也将因此而消磨、丧失。

因此，主播在直播时要管理好自己的情绪，时刻展现出积极向上的状态，这样可以感染每一个进入主播间的用户，同时也能树立起主播积极带货的形象。如果主播的状态低沉、情绪不佳，就很难吸引正在观看直播的用户购买自己推荐的商品，甚至会使得这些用户退出直播间。长此以往，主播的粉丝量将会变得越来越少，而主播的带货能力也将因此而被削弱。

另外，主播也可以根据用户的类型，采取不同的沟通交流策略，有针对性地进行沟通交流，避免产生摩擦，从而减少负面情绪的产生。了解那些进入直播间观看直播的用户类型，学会根据不同的用户类型，有针对性地进行沟通和互动，这样可以更加有效地得到想要的效果。

在视频号直播中，主播常常会遇到各种类型的用户，由于这些顾客用户自身的所处的环境不同，所以，他们看待事情的角度、立场常常是截然不同的。这就要求主播在直播带货的过程中，根据用户的类型进行有针对性地引导。图11-5所示为直播间用户的类型。

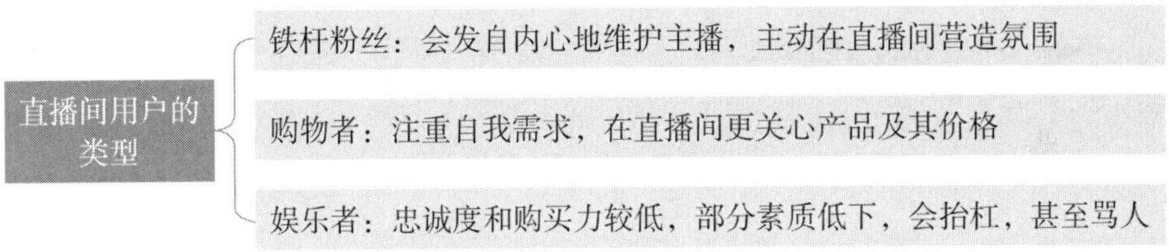

直播间用户的类型	铁杆粉丝：会发自内心地维护主播，主动在直播间营造氛围
	购物者：注重自我需求，在直播间更关心产品及其价格
	娱乐者：忠诚度和购买力较低，部分素质低下，会抬杠，甚至骂人

图11-5　直播间用户的类型

在面对自己的铁杆粉丝时，主播的情绪管理可以不用太严肃、太一本正经，适当地和他们表达自己的烦恼，宣泄一点压力或者开一些小玩笑，反而会更好地拉近和他们的关系。

至于购物者类型的用户，由于他们一般是以自我需求为出发点的，只关心商品及其价格。因此，主播在面对这种类型的用户时，就需要呈现出积极主动的情绪，解决他们的疑惑，同时要诚恳地介绍商品。

娱乐者类型的用户中，会出现部分素质较低的用户，他们可能以宣泄自己的负面情绪为主，喜欢在直播间和主播抬杠，并且以此为乐。对于那些喜欢抬杠和骂人的用户，主播可以在直播中点名，并与其沟通。如果对方不听劝告，一直抬杠、骂人，主播可以请场控帮忙处理，将其踢出直播间。

3. 亲近用户，拉近距离

曾经有个采访，记者询问路人认为主播最应该具备哪些能力，被采访者众说纷纭，最终仅有不到一成的路人认为主播只要长得好看就能做好直播。绝大部分路人认为，主播最应该具备如下 3 个能力：善于沟通，有亲和力；有个人特点；有一技之长。

由此可以看出，善于沟通和有亲和力才能让主播受到更多观众的支持。亲和力是一种使人愿意亲近、愿意接触的力量。而在短视频直播带货过程中，主播可以利用自身的亲和力亲近用户，从而拉近与用户之间的距离。

主播的亲和力可以无形间拉近和用户之间的距离，使他们自发地亲近主播。当主播的形象变得更加亲切、平易近人后，用户对于主播的信任和依赖也会逐渐加深。而随着信任度的提高，用户也会开始寻求主播的帮助，借助主播所拥有、了解的产品信息和资讯，帮助自己挑选产品。这种关系，就是一种稳定的信任关系。

主播要明白，用户是怀着一定的需求，才进入直播间，观看你的直播的。在这种背景之下，大部分用户都不希望看到一个冷冷冰冰的主播在进行产品的介绍和推销工作。

主播必须意识到，用户是一个个现实中活生生的人。他们的情感感知能力非常强烈，可以在看到主播的前几秒，就由于第一印象而选择留下来或者退出去。

出于人类趋利避害的原始本能，以及现代社会上人类对于情感的需求，使得大部分人愿意亲近看起来无害的人，或者说大家熟悉的人。正是这因为如此，主播如果在直播封面上展现出邻家、可爱和活力的一面，会比较容易获得用户的好感，建立良好的第一印象。

除此之外，主播在进行直播的过程中，所呈现的状态也应该是很自然的、平易近人的。这种状态大多偏亲切感，会让用户感觉正在直播的主播，就是自己身边随处可见的朋友在向自己推荐产品一样。在这种情况下，用户便会更容易接受主播推荐的产品。

纵观各短视频平台上的主播，很少会出现看上去很高冷的带货主播。这主要是因为太过高冷的形象会让人觉得难以亲近。所以，许多用户在看到高冷的带货主播时都会选择退出直播间。

而那些让人想要亲近的主播，只要开播，就会获得越来越多用户的关注。因此，许多主播都会在个人形象和直播间布置上下一些功夫，让用户觉得主播是容易让人亲近的。例如，有的直播间会布置得比较温馨、可爱，让出境的主播看上去像是一个邻家小哥哥、小姐姐。

另外，在整个直播过程，主播可以以朋友的口吻来进行产品推荐，让用户觉得你不是单纯想要赚他们的钱，而是在为用户推荐合适的产品。这样的推荐会让用户觉得主播是有原则地在带货，用户对主播的信任度自然也就提高了。

第12章

直播带货：掌握各种实用销售法

在微信视频号直播过程中，要想将更多产品销售出去，更好地实现带货变现，运营者和主播还必须掌握一些实用的直播带货技巧。因此，最后一章就来重点为大家介绍广泛适用的直播销售法。

12.1 掌握实用带货技巧

在实际操作中，要想获得更高的商品销量，运营者和主播还需要掌握一些实用的微信视频号直播带货技巧。本节将为大家介绍8种实用的带货方法，使运营者和主播在直播带货时更能如虎添翼。

12.1.1 树立品牌口碑

在用户消费行为日益理性化的情况之下，口碑的建立和积累可以为微信视频号直播带货带来更好的效果。建立口碑的目的就是为品牌树立一个良好的正面形象，并且口碑的力量会在使用和传播的过程中不断加强，从而为品牌带来更多的用户流量，这也是所有商家都希望获得用户好评的原因。

许多微信视频号直播中销售的产品，链接的都是淘宝、微商城等电商平台的商品详情页。用户在购买产品时，会查看产品的相关评价和店铺的相关评分，以此来决定要不要购买主播推荐的产品。所以，提高产品评价和店铺口碑就显得尤为重要了。

以淘宝平台为例，"店铺印象"界面中会对描述相符、服务态度和物流服务进行评分，如图12-1所示。这3个评分的高低在一定程度上会影响用户的购买率。评价越高，用户的使用感越好，则店铺的口碑越佳。

图12-1 淘宝店铺的评分

优质的产品和售后服务都是口碑营销的关键，处理不好售后问题会让用户对产品的看法大打折扣，并且降低复购率，优质的售后服务则能够推动口碑地树立。

口碑体现的是品牌和店铺的整体形象，这个形象的好坏主要体现在用户对产品的体验感上，所以，口碑营销的重点还是不断提高用户体验感。具体来说，用户的体验感，可以从3个方面进行改善，如图12-2所示。

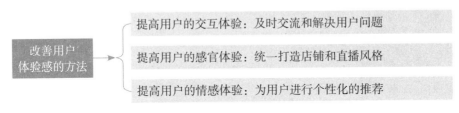

图12-2　改善用户体验感的方法

那么，一个好的口碑又具有哪些影响呢？总的来说可以从5个方面来讲，如图12-3所示。

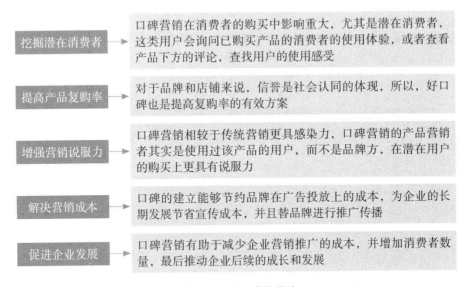

图12-3　好口碑的影响

由此不难看出，品牌和店铺的口碑对于微信视频号的直播来说是非常重要的。一方面，运营者在微信视频号的直播过程中可以借助良好的口碑吸引更多用户下单；另一方面，在直播间卖出产品之后，主播和商家需要做好售后，提高品牌和店铺的口碑。只有这样，用户才会持续在该运营者的微信视频号直播间中购买产品。

12.1.2 专业直播导购

产品不同，推销方式也有所不同，在对专业性较强的产品进行直播带货时，让具有专业知识的内行人士进行讲解，会更容易吸引观众下单购买。例如，在玉石销售的微信视频号直播中，观看直播的用户多为玉石收藏爱好者，并且这些用户喜欢观看各类玉石品相实况，他们大多是为了了解玉石行情、鉴别玉石和购买玉石才看直播的，所以，如果挑选有玉石行业相关专业知识的主播进行直播导购，会更受用户的青睐。

在玉石销售直播中，用户最关心的是玉石的雕工、水种以及价格，所以更需要专业型的导购。图12-4所示为某玉石销售微信视频号直播的相关界面。该微信视频号直播中的主播本身就是对玉石的各项信息比较了解的资深销售，所以，其直播时的讲解会更加清晰透彻。也正是因为如此，许多对玉石比较感兴趣的用户看到该直播之后很快就被吸引住了。

图 12-4　专业玉石销售

12.1.3 突出产品优势

有一句话说得好："没有对比，就没有差距。"如果主播在微信视频号直播中能够将同款产品（或者相同功效的产品）进行对比，那么用户就能直观地把握产品之间的差距，更好地看到你推荐的产品的优势。

当然，有的主播可能觉得将自己的产品和他人的产品进行对比，有踩低他人产品的嫌疑，可能会得罪人。此时，其实可以转换一下思路，用自己的新款产品和旧款，或者将新推出的多款产品进行对比。这不仅可以让多款产品都得到展示，而且只要话术使用得当，多款产品优势都可以得到显现。

12.1.4 选择优质产品

在微信视频号的直播带货中，产品的好坏会影响观众的购买意愿，主播可以从以下几点来选择带货的产品。

1.选择高质量的产品

直播带货中不能出现"假货""三无产品"等伪劣产品，这属于欺骗消费者的行为，平台会给予严厉惩罚，因此，主播一定要本着对消费者负责的原则进行直播。

观众在主播的直播间进行下单，必然是信任主播，主播选择优质的产品，既能加深观众的信任感，又能提高产品的复购率。因此，主播在直播产品的选择上，可以从图12-5所示的几点出发。

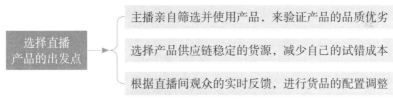

图 12-5 选择直播产品的出发点

2.选择与主播人设相匹配的产品

如果是网红或者明星进行直播带货，在产品的选择上，首先可以选择符合自身人设的品牌。例如，作为一个健身博主，主播选择的产品可以是运动服饰、健身器材或者代餐产品等；作为一个美妆博主，主播选择的产品一定是美妆品牌；作为一个旅游博主，主播选择的产品一定是旅行相关用品。

其次，产品要符合主播人设的性格。例如，某明星要进行直播带货，这个明星的人设是"鬼马精灵，外形轻巧"，那么他进行直播带货的产品，品牌调性可以是有活力、明快、个性、时尚或者新潮等风格的产品；如果主播是认真且外表严谨的人设，那么他所选择的产品可以更侧重于高品质、具有优质服务的可靠产品，也可以是具有创新的科技产品。

3.选择一组可配套使用的产品

主播可以选择一些能够搭配销售的产品，进行"组合套装"出售，还可以利用"打折""赠品"的方式，吸引用户观看直播并下单。

观众在微信视频号平台上购买产品的时候，通常会对同类产品进行对比，如果主播单纯利用降价或者低价的方式，可能会让观众对这些低价产品的质量产生担忧。

如果主播利用搭配销售产品的优惠方式，或者赠品的方式，既不会让观众对产品品质产生怀疑，也能在同类产品中体现出一定的性价比，从而让观众内心产生"买到就是赚到"的想法。

例如，在服装产品的直播间中，主播可以选择一组已搭配好的服装进行组合销售，既可以让观众在观看直播时，因为觉得搭配好看而下单，还能让观众省去搭配的烦恼。因此，这种服装搭配的直播销售方式，对于不会进行搭配的用户来说，既省时又省心，吸引力相对来说会更高。

4. 选择一组产品进行故事创作

主播在筛选产品的同时，可以利用产品进行创意构思，加上场景化的故事，创作出有趣的直播带货脚本，让观众在观看直播的过程中产生好奇心，并进行购买。

故事的创作可以是某一类产品的巧妙利用，介绍这个产品并非平时所具有的功效，在原有基础功能上进行创新，满足用户痛点的同时，为用户带来更多痒点和爽点。另外，直播的创意构思也可以是多个产品之间的妙用，或者是产品与产品之间的主题故事讲解等。

12.1.5　比较同类差价

"没有对比就没有伤害"，消费者在购买商品时都喜欢"货比三家"，最后选择性价比更高的商品。但是很多时候，消费者会因为不够专业而无法辨认产品的优劣。这时主播在直播中需要通过与竞品进行对比，以专业的角度，向买家展示差异化，以增强产品的说服力及优势。

对比差价在直播中是一种高效的方法，可以带动气氛，激发用户购买的欲望。如果相同的质量，价格却更为优惠，那么在直播间的销量一定很高。这种对比最常见的是大牌店铺的直播，将直播间的价格与线下实体店铺的价格进行比较。

例如，在"珀莱雅"的商品销售微信视频号直播间中，护肤套装的常规价为100元以下，且在直播间下单会有折扣优惠，如图12-6所示。同时，主播在电商平台上搜索自家品牌的商品，向直播间的观众展示其价格，如图12-7所示，让用户看到自己直播间销售的产品的价格优势，从而刺激观众下单购买。

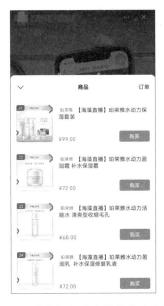

图12-6　微信视频号直播的护肤品价格　　　图12-7　电商平台上同品牌护肤品的价格

由图12-6和图12-7不难看出，该微信视频号直播间销售的护肤品在价格上有明显的优势。在这种情况下，观看直播的用户就会觉得该直播间销售的产品都是物超所值的。这样一来，直播间的销量便会得到明显的提高。

12.1.6　专注同款产品

一个直播只做一款产品，这听起来会觉得不利于产品的促销，但实际上为了让用户更加关注你的产品，专注于一款产品才是最可靠的。而且这种方法对于那些没有过多直播经验的主播来说更为实用。

因为微信视频号直播跟学习一样，不能囫囵吞枣，一口吃成胖子。一般来说微信视频号直播专注于一个产品，成功的概率会更大。在打造专属产品时，品牌方和主播应注意两点要求，如图12-8所示。

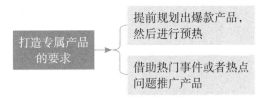

图12-8　打造专属产品的要求

通过这两种方法，主播推荐的产品就会进入用户的视线范围之内，给用户留下深刻的印象，从而为产品的销售打下良好的基础。如果产品具有某方面的强大功能，能满足用户某方面的强烈需求，那么用户就会更愿意购买产品。

另外，因为只销售一款产品，所以主播在布置直播间时，可以对该款产品进行充分的宣传。例如，可以直接把产品的外观图作为微信视频号直播的背景，并写明产品的特点。这样一来，用户只要一进入直播间，便能快速增加对产品的了解。如果产品的某个特点打动了用户，用户的下单意愿就会更加强烈。

12.1.7　呈现实用场景

在直播营销中，想要不露痕迹地推销产品，不让用户感到太反感，最简单有效的方法就是将产品融入场景。这种场景营销类似于植入式广告，其目的在于营销，方法可以多式多样。将产品融入场景的技巧如图12-9所示。

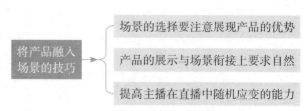

图12-9　将产品融入场景的技巧

用户看到微信视频号直播中展示的产品使用场景之后，就会对该产品有一个清晰的认识，并开始想象自己会如何使用这个产品。这样一来，观看直播的用户会更愿意下单购买，产品的销量自然就上去了。

12.1.8　直播互动营销

主播可以在直播间设计一些互动小游戏，来增加观众的停留时长，这样才能有更多的互动、点击、加购和转化的可能，同时还能为直播间吸引大量的"铁粉"。互动游戏可以活跃直播间的氛围，让观众产生信任感，从而有效吸粉和提升销售额。

例如，刷屏抽奖是一种参与门槛非常低的直播间互动玩法，主播可以设计一些刷屏评论内容，如"关注主播抢××"等。当有大量观众开始刷屏评论后，主播即可倒计时截屏，并给观众放大展示手机的截图画面，告诉观众中奖的人是谁。

主播在通过刷屏抽奖活跃直播间的气氛前，要尽可能让更多的观众参与，这时可以引导他们评论"扣1"，提醒其他观众注意。同时，主播要不断口播即将抽奖的时间，让更多观众参与到互动游戏中来。

另外，直播不仅要靠嘴皮子，还需要主播多动脑，提前准备好一些能够吸引观众注意力的互动话题。下面介绍一些直播间常用的互动话题类型，如图12-10所示。

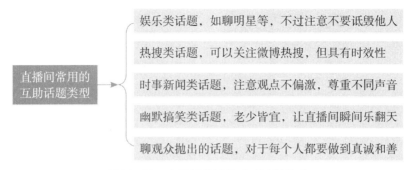

图12-10　直播间常用的互助话题类型

12.2　用价值促进转化率

作为微信视频号平台上的电商主播，每个人都能吸引大量粉丝关注，都能成为带货达人。但是，要想激发用户的购买行为，主播必须能让用户察觉到产品带给他的价值。

本节将从用户的角度入手，介绍通过抓住用户的痛点、痒点与爽点等方法，来解决直播销售过程中的关键问题——提升转化率。

12.2.1　解决用户痛点

痛点，就是用户急需解决的问题，如果没有解决这个痛点，用户就会很痛苦。用户为了解决自己的痛点，一定会主动地去寻求解决办法。研究显示，每个人在面对自己的痛点时，是最有行动效率的。

大部分观众进入直播间，就表明他在一定程度上对直播间是有需求的，即使当时的购买欲望不强烈，主播完全可以通过抓住用户的痛点，让购买欲望不强烈的观众也采取下单行为。

当主播在提出痛点的时候需要注意，只有与观众的"基础需求"有关的问题，才能算是他们的真正痛点。"基础需求"是一个人最根本和最核心的需求，这个需求没解决的话，人的痛苦会非常明显。

例如，在下面这个卖二手汽车产品的微信视频号直播间中，主播通过场景展示该二手车品相不错、价格便宜的特点，来解决购车人士的"基础需求"，帮助他们更好地解决买车贵这个痛点，如图12-11所示。

图12-11　卖二手车产品的直播间示例

主播在寻找和放大用户痛点时，让观众产生解决痛点的想法后，可以慢慢地引入自己想要推销的产品，给观众提供一个解决痛点的方案。在这种情况下，很多人都会被主播所提供的方案给吸引住。毕竟用户痛点出来了，观众一旦察觉到痛点的存在，第一反应就是消除这个痛点。

主播要先在直播间中营造出观众对产品的需求氛围，然后展示要推销的产品。在这种情况下，观众的注意力会更加强烈、集中，同时他们的心情甚至会有些急切，希望可以快点解决自己的痛点。

通过这种价值的传递，可以让观众对产品产生更大的兴趣。当观众对产品有进一步了解的欲望后，主播就需要和他们建立起信任关系。主播可以在直播间与观众聊一些产品的相关知识和技能，或者提供一些专业的使用建议，来增加观众对自己的信任。

总之，痛点就是通过对人性的挖掘，来全面解析产品和市场；痛点就是正中用户的下怀，使他们对产品和服务产生渴望和需求。痛点就潜藏在用户的身上，需要商家和主播去探索和发现。"击中要害"是把握痛点的关键所在，因此，主播要从用户的角度出发来进行直播带货，并多花时间去研究找准痛点。

12.2.2　打造用户痒点

痒点，就是满足虚拟的自我形象。打造痒点，需要主播在推销产品时帮助观众营造美好的梦想，满足他们内心的渴望，使他们产生实现梦想的欲望和行动力，这种欲望会极大地刺激他们的消费心理。

正是通过帮观众营造出美好的幻想，使观众产生实现幻想的欲望和行动力，极大地刺激了观众的消费心理，才会促使他们产生下单购买产品的行为。对于很多微信视频号主播来说，他们向用户展示的不是产品，而是一种美好的幻想。

只要抓住这种心理，主播在推荐产品时，就能获得更好的效果。下面以服装类产品为例，讲述微信视频号主播在直播时可以重点打造的3个痒点，从而更好地引导观众下单。

服装产品痒点一：不同的体型要怎么穿搭好看？

每个用户都希望自己穿的衣服能够展示自己的良好形象，但是现实生活中，不是每个人都能像模特的身材一样，怎么穿都好看。所以，大部分用户都希望能通过服装的搭配，更好地修饰自己的身材，通过扬长避短来树立自己的良好形象。

对于这些用户来说，他们一个强烈的痒点，就是想通过服装搭配使自己的形象得到进一步的美化。由于用户的体型各有不同，主播需要学会根据不同用户的体型，通过话术为不同的用户来推荐合适的服装款式和风格。

下面介绍3种身材体型（香蕉型、苹果型和梨型）的特征，从而帮助运营者为不同体型的顾客进行服装推荐，如图12-12所示。

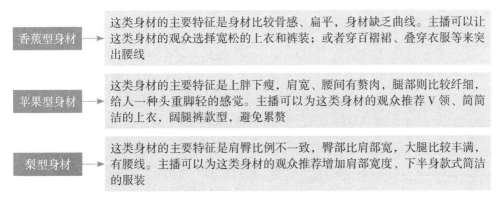

图12-12　女性的3种身材体型

服装产品痒点二：怎样用衣服修饰身材的缺点？

对于大部分想购买服装的用户来说，怎么利用衣服来修饰自己的身材，是大家非常关注的一个点。

面对这种情况，主播就可以在介绍、推荐服装时，着重强调服装的修饰作用。让粉丝认为只要穿上了这款服装，就可以修饰自身身材的不完美之处，从而可以隐藏自身身材的不足，美化自身的形象。

例如，针对腿部比较胖的粉丝来说，如何让自己不显腿胖，就是她们的痒点，这时主播就可以重点推荐一些裙装、阔腿裤给用户；如果粉丝的手臂粗，就可以推荐袖部花色少、颜色深的上衣。

服装产品痒点三：从产品入手帮消费者树立自信

主播在打造痒点时，可以考虑从服装改变人物形象、气质等方面上入手。主播向用户推荐产品时，强调服装可以改变用户的形象，帮助用户树立自信心。

众所周知，现在这个社会，对于服装的要求越来越高，服装所能代表的信息也越来越多。电视剧里常常有这样的情节：一个本来平凡的女生，在换上一套美丽又漂亮的衣服后，整个人的形象气质瞬间发生了翻天覆地的变化，不由得让人眼前一亮。

其实，在微信视频号直播中，主播也可以采用这种方法，通过前后两套服装的对比，来突出主播要推荐的服装的上身效果，从而帮用户树立信心，让用户觉得自己穿上主播推荐的服装也能变得很好看。

12.2.3 提供用户爽点

爽点，就是用户由于某个即时产生的需求被满足后，就会产生非常爽的感觉。爽点和痛点的区别在于，痛点是硬性的需求，而爽点则是即刻的满足感，能够让用户觉得很痛快。

对于视频号的主播来说，想要成功把产品销售出去，就需要站在用户角度来思考产品的价值。这是因为在直播间中，观众作为信息的接受者，很难直接发现产品的价值，此时就需要主播主动去帮助观众发现产品的价值。

爽点对于直播间的观众来说，就是一个很好的价值点。例如，在一个卖文具产品的视频号直播间中，主播展示了多款削笔器产品，其中手摇削笔器可以满足削铅笔的基本需求，而全自动的削笔器则无须手摇，削铅笔更加轻松。这就是通过抓住观众难受的爽点，即时性地满足了他们的需求。

当主播触达更多的用户群体，满足观众和粉丝的不同爽点需求后，自然可以提高直播间商品的转化率，成为直播带货高手。痛点、痒点与爽点都是一种用户欲望的表现，而主播要做的就是，在直播间通过产品的价值点，来满足用户的这些欲望，这也是视频号直播带货的破局之道。